바람의 풍경 제주의 속살

바람의 풍경
제주의 속살

초판 인쇄 2011년 5월 20일 / **초판 발행** 2011년 5월 30일

지은이 허상문 / **펴낸곳** 영남대학교출판부 / **펴낸이** 이효수

출판등록 1975년 9월 5일 경산 제16-1호

주소 경북 경산시 대동 214-1 / **전화** 053) 810-1801~3 / **FAX** 053) 810-4722 / 홈페이지 book.yu.ac.kr

ISBN 978-89-7581-414-3 03820

값은 표지 뒷면에 있습니다. / 잘못 만들어진 책은 바꾸어 드립니다.

바람의 풍경 제주의 속살

허상문 지음

열린시선

머리말

제주도에서는 끝없는 바람이 밀려왔다 사라진다. 바람은 제주바다와 오름과 한라산이라는 바람의 통로를 넘나들며 세월을 삼키고 사람을 삼키고 사랑도 삼킨다. 긴 겨울이 끝나고 봄이 시작되어도 바람은 쉼 없이 불고 있었다. 눈앞에서 펼쳐지는 바람 부는 제주의 풍경은 이 세상 어디에서도 쉽게 보지 못한 것들이었다. 나는 이것을 '바람의 풍경'이라고 명명하고 싶다. 바람의 나라가 내 눈앞에서 펼쳐지고 있었던 것이다. 제주도에서는 바람도 풍경이었다.

제주도에서는 삶이 아무리 고달프고 힘들어도 돌아서면 한라산, 또 돌아서면 성산포 앞바다와 오름이 이 땅에 사는 사람들의 영혼을 달래준다. 그래서 제주사람들은 바람과 산과 바다와 오름을 사랑한다.

제주바다에는 수천 년을 이어온 제주인 특유의 끈질긴 생명력이 깃들여 있다. 눈 시린 푸른 하늘 아래 투명한 옥빛 바다, 부서지는 파도의 그림 같은 모습이 제주의 바닷가 어디에서나 그려진다. 크고 작은 오름에 올라 바람에 하늘대는 야생화를 바라보며 삶과 자연의 의미를 느낄 수 있는 것도 제주도에서만 가능한 일이다. 오름 한가운데 덩그러니 놓여있는 무덤에서 사람들은 절망이 아니라 삶에 대한 희망을 건져낸다. 해가 지나 봄이 오고 사랑하는 사람을 잊지 못하여 제주의 들판 길을 걷다보면, 이미 고사리는 웃자라고 보리는 익어가고 밀감은 주렁주렁 풍요롭게 매달리기 시작한다.

이것이 제주도의 모습이다. 역마살이 낀 탓인지 나는 일찍부터 이 세상 곳곳을 두루 헤집고 다녔지만 어느 곳에서도 이렇게 산과 들과 바다를 함께 두루 간직하고 있는 아름다운 자연의 모습을 본적이 없다. 이 섬에서 사는 사람들은 절망에서 희망을, 죽음에서 삶을 일구어내며 살아왔다. 그래서인지 그들이 사용하는 언어도 정겹기 짝이 없다.

제주도를 짝사랑하기 시작한 기억은 꽤 오래 전으로 거슬러 올라간다. 제주도의 아름답고 은밀한 속살을 나에게 최초로 이야기해주고 보여준 사람은 영남대학교 교육학과의 박철홍 교수였다. 만날 때마다 제주 해물뚝배기와 같은 진국 맛이 우러나는 제주 애월 출신의 박교수와 밤샘 술을 마시다가 문득 제주 푸른 바다와 오름이 그립다고 하며 우리는 다음날 첫 비행기를 타고 제주도로 달려가곤 했다. 함께 제주도에 올 때마다 그는 다랑쉬오름을 비롯한 여러 오름과 비경의 바닷가로 나를 안내하곤 했다. 언젠가 우리는 수월봉 꼭대기에 올라 멀리 밤하늘에 은하수 같이 창연히 늘어선 고깃배를 바라보며 통음痛飮을 하다가 언젠가 제주도에 대한 책을 쓰겠노라고 그에게 다짐한 적이 있다. 늦게나마 마침내 그 약속은 실행되었고, 이제는 제주도에서 내가 박교수를 안내해도 될 정도가 되었다. 나는 지난 2009년 제주대학교에서 교환교수로 근무하는 동안 제주도의 구석구석을 헤매고 다니면서 제주와 더욱 깊은 사랑에 빠져보리라 다짐했고 자나 깨나 제주도의 아름다운 정경만 생각하며 지내왔다.

이 세상에서 가장 자유로운 것은 새들이다. 그러나 새들보다 더욱 자유로운 것은 바람이다. 바람은 일생동안 어디에도 앉지 않고 자유롭게 날아다닌다. 제주 섬에는 어디에나 바람이 가득하다. 바람의 섬에서 바람은 꽃이 되어 피어나기도 했고 물이 되어 흘러내리기도 했다. 바람의 풍경은 지독한 슬픔이며 고독이었고 형언할 수 없는 희열이기도 했다. 그것은 콜롬부스로 다시 태어난다 해도 찾을 수 없는 곳을 헤매고 다니는 고통이며 기쁨이었다. 그동안 바람의 섬에서 바람의 풍경을 사랑한 모든 영혼들을 위해 이 책을 바친다.

2011년 5월

허상문

차 례

• 머리말 4

1부 | 바람이 머무는 곳

그대, 저 숲길을 걸어 본 적 있는가 • 사려니숲길 12
억새는 바람에 흩날리고 • 산굼부리 22
풍류의 현장에서 • 방선문 31
저 눈물의 의미를 아시나요 • 수월봉 38
평화가 가득한 초원 • 성이시돌목장 45
소멸과 생성의 숲 • 절물휴양림 52
파도는 그리움으로 밀려오고 • 성산일출봉 60

2부 | 세월의 흔적을 찾아서

한송이 수선화가 되어 • 바굼지오름과 추사유적지 70
두모악 가는 길 • 김영갑갤러리 79
한의 흔적은 그대로 남아 • 쇠소깍 88
슬픈 역사를 부여안고 • 알뜨르 비행장과 섯알오름 94
산도 아닌 것이 오름도 아닌 것이 • 송악산 100
제주의 영웅들 • 항몽유적지 109
유서 깊은 마을의 역사 • 성읍민속마을 115

3부 | 섬·바다·제주여인

바다의 어멍, 제주여인 • 법환포구와 해녀박물관 124

날 사랑 한다고 말해줘요 • 비양도 134

바람의 왕국 • 마라도 142

그 섬에 가거든 • 우도 149

섬은 섬으로 이어지고 • 추자도 155

전설의 섬 • 이어도 164

북녘하늘을 바라보며 • 연북정 171

바다의 표류자가 되어 • 산방산과 용머리해안 178

놀멍, 쉬멍, 걸으멍 • 제주올레 185

4부 | 오름에서 왔다 오름으로 갈 것을

오름의 바다에 누워 • 제주오름 196

설문대할망의 전설 • 물장오리오름 203

저 오름에 묻힐 수 있다면 • 용눈이오름 210

오름의 여왕 • 다랑쉬오름 218

바람 타는 섬의 갯쑥부쟁이 • 아부오름 226

오름의 왕자 • 거문오름 233

저 별과 같이 • 새별오름 240

제주의 허파 • 곶자왈 249

어머니의 품 • 한라산 255

● 부록

제주 올레코스 264

제주 주요 오름 268

제주 맛집 279

그대, 저 숲길을 걸어 본 적 있는가
사려니숲길

억새는 바람에 흩날리고
산굼부리

풍류의 현장에서
방선문

저 눈물의 의미를 아시나요
수월봉

평화가 가득한 초원
성이시돌목장

소멸과 생성의 숲
절물휴양림

파도는 그리움으로 밀려오고
성산일출봉

1부 | 바람이 머무는 곳

그대, 저 숲길을 걸어 본 적 있는가

사려니숲길

그대 본 적 있는가.

이렇듯 평화롭고 아름다운 숲의 풍경을…

사려니숲길! 나는 무슨 숲의 영령이 베풀어준 도움으로 이 숲길을 2009년 5월에 세 차례나 걷는 행운을 누렸다. 한번은 부산에서 온 여행팀과 함께 늦은 시간에 교래리에 도착해서 숲길을 산책하며 물찻오름 근처까지 갔으나 짙은 어둠으로 되돌아오고 말았다. 아마도 보름달이 훤히 우리의 길을 밝혀 주었더라면 그 아름다운 산책을 계속했을 것이지만 아쉽게도 숲의 짙은 어둠은 우리의 산책길을 막아섰다. 어둠 속에 신비롭게 잠긴 숲길을 나는 잊지 못하고 이틀 뒤에 다시 방문해서 네 시간 동안 사려니숲길을 걸었다. 그리고 마지막으로 이 숲길이 폐쇄된다는 5월의 마지막 날 저녁나절, 또 다시 사려니오름의 정상에 올라 장엄한 일몰의 광경을 바라보았다.

사려니숲길은 제주시 교래리 비자림로의 삼나무 숲에서 시작해서 한라산 중산간 동쪽자락의 거대한 원시림을 남북으로 종단해 사려니오름까지 이어지는 총연장 15.5km의 아름다운 숲길이다. 숲의 평화로움과 고요는 도시의 먼지와 번잡함에 찌든 우리의 영혼을 맑게 해 주고, 청징한 공기와 아름다운 새들의 노래 소리는 지상에서 가장 아름다운 음악을 들을 수 있게 해준다. 산지가 발달한 우리나라에서는 좀처럼 찾아보기 힘든 '평지 숲길'에서의 산책이라는 장점 때문에 우리의 몸과 정신을 더욱 평화롭게 해준다.

비자림로의 물찻오름 길 입구에 도착하여 숲길 걷기를 시작하였다. 숲길에서의 산책은 명상을 가능케 하며, 자연과의 소통을 가능케 하고, 그 숲 기운을 통해 우리의 몸과 마음을 정화시켜 준다. 숲에는 그 옛날 지도 하나만 달랑 들고 우리들이 가고자 하는 목적지를 사람들에게 물어가며 찾아가던 시절의 자연 상태 그대로의 삶과 역사가 고스란히 남아 있다. '사려니숲길 걷기' 안내문에는 이렇게 적혀있다.

아득한 옛날 제주 들녘을 호령하던
테우리(말몰이꾼)들과 사농바치(사냥꾼)들이 숲길을 걸었습니다.
그 길을 화전민들과 숯을 굽는 사람
그리고 표고버섯을 따는 사람들이 걸었습니다.
한라산 맑은 물도 걸었고 노루 오소리도 걸었고
휘파람새도 걸었습니다.
그 길을 아이들도 걸어가고 어른들도 걸어갑니다.
졸참나무도 서어나무도 함께 걸어갑니다.
우리는 그 길을
사려니숲길이라 부르며 걸어갑니다.

그랬다. 숲길행사 안내장을 받아들고 답사한 사려니숲길에는 오소리가 건던 길을 사냥꾼이 뒤따랐고 사냥꾼 발에 자국 난 길로 말몰이꾼이 지나갔다. 마을과 마을은 이렇게 이어졌고 사람과 사람은 그렇게 만났다. 그렇다. 사람은 길을 내고 길은 역사를 만든다. 숲의 산책길은 그 자체가 삶이고 역사이며, 사람이고 생명이다. 그 숲에서 나는 여러 사람을 만났다. '가지 않은 길'을 쓴 미국시인 로버트 프로스트를 만났고,

"나는 걸을 때만 명상에 잠긴다" "걸음을 멈추면 생각도 멈춘다"고 하던 철학가 J. 루소도 만났다. "걷기는 발과 땅, 인류, 이 세상 사이의 변화무쌍하고 지속적인 대화"라는 번득이는 혜안을 『걷기, 인간과 세상의 대화』라는 저서를 통해 보여준 미국의 인류학자인 조셉 아마토도 만났다. 또 이 숲길에서 얼마나 많은 사랑의 속삭임과 이별의 아픔이 있었을 것인가. 숲은 그토록 수많은 상념을 자극할 만큼 많은 메시지를 나에게 전달해 주었다.

노란 숲속에 난 두 갈래 길
아쉽게도 한 사람 나그네
두 길 갈 수 없어 길 하나
멀리 덤불로 굽어드는 데까지
오래도록 바라보았다.
(…)
먼 먼 훗날 어디선가 나는
한숨지으며 이렇게 말하리라
어느 숲에서 두 갈래 길 만나, 나는
사람 덜 다닌 길을 갔었노라고
그래서 내 인생은 온통 달라졌노라고.

— 로버트 프로스트의 '가지 않은 길'에서

거대한 삼나무가 드리운 진초록의 숲 그늘, 청정하다 못해 짙은 숲의 향기는 도시의 온갖 공해로 찌든 내 폐부 깊숙이 파고든다. 바로 그때, 숲의 정령처럼 불쑥 나타난 이름 모를 새의 노랫소리에 막혀있던 내

오감은 고무풍선 터지듯 한순간 동시에 활짝 뚫렸다. 숲속에 숨어 있어서 모습은 볼 수가 없었지만, 어디선가 휘파람새의 아름다운 노래 소리가 들려왔다. 고운 햇살을 타고 들려 오는 휘파람새의 노래소리는 맑고 아름답기 그지없었다. 한참을 서서 새의 노래 소리를 듣는다. 새는 노래한다. 정말 새는 그것이 노래인 줄 아는지 모르는지 의미도 모르면서 자꾸만 노래를 한다.

사려니숲길의 중앙에 위치한 물찻오름 입구에는 자연보호를 위하여 출입을 통제하고 있다. 숲길의 산 정상에 물찻오름의 아름다운 호수

가 있으리라고 그 누가 상상하겠는가. 또 다른 숲길 산책로인 '월든'은 '치유와 명상의 숲'으로 삼림욕을 즐기며 산책과 사색을 할 수 있는 곳이다. 비자림로 코스와 붉은오름 코스, 그리고 사려니 코스가 만나는 곳으로 비자림로에서 약 6km 지점이다. 이곳에서는 다시 마은이오름까지 이어진다. '월든' 길에서는 헨리 데이비드 소로가 쓴 『월든: 숲 속의 생활』을 펼치고 어떤 곳이든지 읽고 싶다. 이 책에서 미국 하버드대를 졸업한 전도양양한 27세의 청년 데이비드 소로는 세속의 모든 영달을 다 던져버리고 매사추세츠 주 콩코드 숲 속의 작은 호숫가에 오두막을 짓고 자급자족의 삶을 영위하면서 통찰한 지혜를 담고 있다. 그는 말한다. "내가 숲으로 들어간 이유는 보다 진지한 삶을 살기 위해서, 인생의 본질적인 사

실들만을 알기 위해서, 그리고 죽음의 순간에 이르렀을 때 제대로 살았다는 사실을 알기 위해서였다."

숲은 그 자체가 생명이다. 5월의 자연은 숲으로 인하여 아름다움의 극치를 보여준다. 청정 자연의 한라산 해발 500m 중산간지대의 원시림에 위치한 사려니오름으로 가는 숲길은 바로 그 절정이다. 그래서 이 숲에서만큼은 말하기보다는 침묵하기를, 생각하기보다는 느끼기를, 느끼기보다는 동화되기를, 동화되기보다는 한순간에 무너지기를 바란다. 왜냐하면 이 숲은 나를 깊이깊이 포옹해주었기 때문이다.

사려니오름은 북동으로 벌어진 말굽형 분화구를 가진 분석구로서 해발 513m, 비고 98m이다. 정상의 관찰대도 나무 테크로 잘 만들어져 사방을 시원스럽게 관찰 할 수 있어 좋다. 정상까지는 30분쯤 걸리는데 한라산의 원시림 바다가 펼치는 장관을 볼 수 있다. 이곳의 삼나무는 1930년대에 조림한 인공림으로 무려 2000여 그루나 있다고 하며, 제주도 최고령의 삼나무가 이곳에 있다. 삼나무 숲으로 우거진 이 능선이 예전에는 힘겹게 정상으로 올라가며 산뽕을 따 먹었곤 하던 오름이었다고 하는데, 이제는 접근이 쉽지 않은 오름이 되고 말았다. 난대림연구소의 출입 허가 없이는 출입이 안 되는 곳이기 때문이다. 지금은 막대한 예산을 들여 탐방로와 식생관찰대까지 잘 만들어 놓았지만 평상시에는 통제되는 곳이 되고 말았다.

사려니오름의 정상에서 바라보는 일몰은 상상치 못한 깊은 울림을 가슴 속에 만들어 내었다. 언제가 티벳의 카일라스산 정상에서 일몰을 바라보다 경탄한 나머지 땅바닥에 주저앉아 눈물을 흘린 적이 있지만, 우리의 제주 땅 한라산 깊은 밀림지역에서 이렇게 장엄하고 찬연한 일몰의 광경을 볼 수 있게 될 줄이야. 마지막 순간까지 버티고 있던 태양은 한조각 핏빛 덩어리가 되어 밀림 속으로 떨어지고 말았다.

그대는 허허벌판의 사막에 서있는 것은 아닌가? 한손에 지도를 들고 또 한손에 무기를 들고 가야할 길을 끝없이 걱정하며, 그리고 도처에 숨어서 공격해 올 적들과의 싸움에 긴장하고 불안해 하면서 사막에 서 있는 것은 아닌가. 남보다 더 많은 돈을 벌어야 하고 출세를 해서 살아남아야 한다는 강박관념에 시달리면서 사막에서 불면의 밤을 보내고 있는 것은 아닌가. 숲에는 불안도 없고 걱정도 없고 적도 없다. 숲에 있는 모든 것은 소중하고 아름다운 것이다. 꽃 한 송이, 풀잎 하나, 새 한 마리가 모두 하나가 되어 서로를 존중해주고 사랑해 준다. 숲은 우리들의 눈을 뜨게 해주고, 귀를 열게 해주고, 마음을 소통시켜준다. 숲 속의 모든 것들이 소중하게 여겨지지 않으면 잠시 발걸음을 멈추어야 한다. 발걸음을 멈추고 그들을 경외의 눈으로 바라보아야 한다. 가까운 숲 속에 이렇게 아름답고 소중한 것들이 가득하지만 우리는 그것을 외면 한 채 끝없이 먼 곳을 찾아다니면서 탐욕을 거듭하고 있다. 그래서 숲은 우리에게 외친다. 그대 언제 이 숲에 오시렵니까? 그리고 언제 나와 함께 걸으시렵니까? 사려니숲길은 오늘도 우리를 부르고 있다.

근처의 가볼만한 곳

한라생태숲

제주시 용강동 5 · 16도로변에 조성해 최근 개장한 생태숲이다. 조성사업 10년 만에 일반에 공개된 한라생태숲에는 난대와 온대, 한대 등 330여 종 28만 8,000여 그루의 나무와 식물이 심어져 있다. 모두 재래수종으로 196ha의 방대한 면적에 계절별, 테마별 등 모두 13개 숲으로 조성됐다. 생태숲 전체의 축소판인 암석원과 곶자왈지대, 천연림 지역을 유전자원 보전지역으로 관리해 생태관광 수준을 한 단계 높여주고 있다.

물찻오름

사려니숲길 가운데 위치해 있으며 수성악水城岳이라고도 한다. 높이 717.2m, 둘레 3,426m, 총면적 74만 4401㎡ 규모의 기생 화산으로 둘레가 1,000m 정도 되는 깔때기 모양의 대형 분화구가 있다. 분화구 내부는 물이 가득 차 있는 못으로 이루어져 있는데, 이와 같은 못을 산정화구호山頂火口湖라고 한다. 제주 지역의 많은 기생 화산 가운데 산정화구호가 있는 소수의 기생 화산 중 하나이다.

사려니오름

서귀포시 남원읍 한남리 산201번지에 위치한 표고 523미터, 비고 98미터 오름이다. 교래리에서 출발하는 사려니숲길의 끝자락에 위치해 있다. 정상에 수십미터 이상 되는 거대한 바윗돌이 빙 돌아가며 사려있기에 사려니라고 명명된 것이라 한다. 난대림연구소가 위치해 있고 입구부터 울창한 삼나무 숲길이 시작 된다.

억새는 바람에 흩날리고

산굼부리

억새는 자신의 울음을 삼키며 혼자서 조용히 울고 있는 존재이다. 바람이 심하게 부는 날이면 억새와 갈대는 온몸이 흔들리도록 심하게 울고 있다. 억새를 흔드는 것은 스스로가 아니라 외부의 어떤 요인에 의하여 흔들리고 있는 것인지 모른다. 억새는 자신의 흔들림에 대하여 스스로 "나는 왜 이렇게 흔들리고 있는가"하고 물어볼 수 있을 것이다. 이렇게 스스로에게 물어보면서 억새는 자신을 흔들고 있는 것은 바람이라고 생각한다. 그러나 곰곰히 생각해본 결과 자신을 흔든 것이 바람이 아니며, 놀랍게도 자기 자신이라는 것을 알게 된다. 억새는 원래부터 비극적인 존재로 태어나서 자신의 울음이 제 몸까지 스스로 흔들고 있다는 걸 마침내 알게 된다. 이같은 억새의 흔들리는 모습은 흔들리고 부대끼며 살아가는 나약한 인간의 모습을 닮아 있다. 사람들은 모두 다 흔들거리는 억새와 갈대를 사랑할 뿐 억새를 흔들어대는 바람을 기억하지는 않는다.

어디론가 마냥 떠돌고 싶어지는 계절인 가을이 오면 산굼부리에 가보라. 그곳에서는 억새와 하늘과 벌판만이 존재하는 공간이 펼쳐진다. 억새를 흔들어대는 바람은 차가운 기운을 품으며 우리의 몸과 마음에 와닿는다. 흔히 억새는 산과 들 뿐 아니라 냇가나 강가, 바닷가 등에서 고루 군락을 이루고 있으며, 반면에 갈대는 습지나 갯가, 호수 주변 등 물과 가까운 곳에 모여 있다고 구분된다. 그러나 억새든 갈대든 바람결에 흔들리는 것은 매한가지이고, 가을 타는 우리들의 마음까지 한들한들 흔들어 놓는 것도 마찬가지다. 억새의 이삭이 활짝 피면 은색의 흰빛을 드러낸다. 바람결에 날리는 흰색 억새에 태양이 내리쬐면 은빛으로 변한다. 게다가 해질 무렵에는 온통 황금색으로 변하기도 하는데, 이렇게 억새는 시간에 따라 빛에 따라 색이 변하는 변화무쌍한 매력을 뽐낸다. 억새 잔치가 한창인 10월이면 산굼부리 곳곳의 억새밭이 장관을 이룬다. 가을들판을 가로지르며 온몸에 휘감겨 오는 바람결에 따라 지나온 시간의 발자국을 더듬어갈 때, 억새들은 오래만에 만난 연인처럼 반갑게 살랑거린다. 그들의 흔들대는 몸짓은 속삭이는 밀어처럼 감미롭다. 김훈이 『풍경과 상처』에서 말한대로 "차가운 대기 속에서 그 풀은 흔들리면서 풍화한다. 바람에 흩어져 꽃씨를 퍼뜨리는 초겨울의 풀들은 가볍다. 풍화의 운명이 무겁고 쓰라릴수록 그 외향은 저토록 가벼워야 옳으리라.(…) 억새의 삶은 풍화되어야 할 존재의 무게를 극소화시키는 팍팍한 삶이다."

산굼부리의 정상에 올라 굼부리를 내려다보고 있으면 어떤 기분이 들까? 거대한 구멍 사이로 몸을 날려 뛰어 들고 싶은 유혹을 느끼기도 한다. 굼부리란 화산체의 분화구를 가르키는 제주말이다. 그것은 산 위나 산 중턱에 동그랗게 자리잡은 둥근 원형의 굼부리도 있고, 산체의 한 쪽 사면이 도려내진 듯이 벌어진 말굽형의 굼부리도 있고, 양자를 아울러 가진 복합형 굼부리도 있다. 소수를 제외하고는 대부분의 오름이 크게 혹은 작게 저마다에 어울리는 형태의 굼부리를 간직하고 있다. 그것은 아득한 옛날 그들이 두꺼운 지각을 뚫고 나와 제주섬에 좌정하는 숨구멍이었다. 산굼부리는 백록담, 성산일출봉과 함께 손꼽히는 제주 분화구 중 하나이다. 그 가운데서도 산굼부리는 산체에 비해 대형의 화구를 가진 특이한 형태로 인해 이채를 띤다. 장장 백미터가 넘는 깊이와 2km 가까운 둘레의 포근한 강보에 둘러싸여 있는 듯한 산굼부리 안에는 안타깝게도 직접 들어갈 수는 없다. 산굼부리 분화구는 천연기념물 제263호로 지정, 보호되고 있기 때문이다. 이곳에는 동식물의 보고라고 불려도 손색이 없을 만큼 420여 종의 희귀한 식물들과 포유류, 파충류 등 여러 종의 동물들이 서식하고 있다. 들어갈 수 없으니 대신 가까운 곳에 설치해 놓은 전망경을 통해 산굼부리의 실체를 보는 것으로 만족하는 수밖에 없다.

어떻게 보면 몸뚱이는 없고 입만 크게 벌려 있는 것 같은 기이한 기생화산이다. 넓은 들판 한 군데가 푹 꺼져 들어간 커다란 구렁은 실제 그 바닥이 주변의 평지보다 100m가량이나 낮게 내려앉아 있다. 이 화구는 형성과정에서 가스 이외에는 다른 물질을 전혀 분출하지 않았기 때문이라고 지질학자들은 말하고 있다. 이 희한하게 생긴 기생화산이 학술적 가치로나 관광자원으로서 보배롭게 여겨지고 있는 것은 한국에는 하나밖에 없다는 마르Maar형 화구이기 때문이며, 이런 화산은 세계적으로도 흔치 않다고 한다. 화산이 많은 일본에 3개 정도가 있고 독일의 라인지

방에 몇 개 있는 것으로 알려지고 있으나 국내에는 하나밖에 없는 신기한 화산이다. 이 때문에 제주가 만들어 낸 걸작 분화구의 하나인 산굼부리는 일반 화산들과는 달리 귀중한 천연기념물로 지정 보호되고 있으며 오늘날까지 수많은 관광객들의 각광을 받고 있는 것이다.

다소 밋밋하기도 하고 단순하기도 하여 이곳을 찾는 사람들이 실망을 하기도 한다지만, 마음이 스산한 가을날 산굼부리를 찾았을 때 우리들의 눈앞에 파도치듯 펼쳐지는 억새의 장관은 우리의 가슴을 설레게 한다. 바람결에 이리저리 흩날리는 억새와 갈대의 비극적인 생명의식에서 우리는 인간존재의 모습을 되돌아보게 된다. 신경림 시인의 표현대로 갈대와 마찬가지로 인간이 '산다는 것은 속으로 이렇게 조용히 울고 있는' 비극적인 모습인지도 모른다. 기실 우리를 가장 괴롭고 슬프게 하는 것은 우리들 마음에 달린 것이다. 부질없이 세상에 대해 지나친 것을 기대하다 배신당하여 울고, 사람을 만나서 사랑하다가 헤어져 슬퍼하고, 이렇게 힘들게 살아가는 것 자체가 모두 내 자신에게서 기인한 것이다. 바람결에 흩날리는 산굼부리의 억새는 삶에서의 모든 슬픔과 고뇌가 결국은 모두 우리 자신으로부터 나오는 것임을 가르친다.

언제부턴가 갈대는 속으로
조용히 울고 있었다.
그런 어느 밤이었을 것이다.
갈대는 그의 온몸이 흔들리우고 있는 것을 알았다

바람도 달빛도 아닌 것
갈대는 저를 흔드는 것이
제 조용한 울음인 것을 까맣게 몰랐다

---산다는 것은 속으로 이렇게
조용히 울고 있는 것이란 것을
그는 몰랐다

— 신경림의 '갈대'에서

● 근처에 가볼만한 곳 ●

민오름

제주시 구좌읍 송당리 산 156번지에 위치해 있다. 해발 362m이며 높이는 102m이다. 나무가 자라지 않기 때문에 민오름이라고 부르게 되었다. 하지만 지금은 입구부터 울창한 삼나무 숲길이 나있고, 동쪽의 경사면은 완만하지만 나머지는 모두 가파르다. 민오름가는 길 중간에는 이승만 대통령이 옛날 제주에 왔을 때 사용하던 귀빈사貴賓舍라는 별장이 있다.

거문오름

제주시 조천읍 선흘리에 위치해 있으며 분화구의 규모는 백록담의 분화구보다 더 크다. 거문오름 용암동굴계는 2007년 7월 한라산천연보호구역과 성산일출봉을 포함하여 세계자연유산에 등재되어 제주 자연의 우수성과 그 가치를 인정받았다. 제주오름 중 유일하게 사전에 예약을 해야 입장할 수 있다.

제주돌문화공원

제주시 조천읍 중산간지역에 위치해 있는 공원이다. 제주에 가면 수많은 공원과 박물관이 있지만 대부분이 지나치게 인공적이다. 제주돌문화공원은 화산섬 제주의 생성이라는 자연현상과 '설문대할망과 오백장군'의 설화를 모태로 돌, 흙, 나무, 쇠, 물 등 5가지 독특한 테마가 어우려져 있다. 가장 제주다운 공원으로 아름다운 중산간의 풍광과 원시림이 제주의 자연과 문화를 체험하기에 안성맞춤인 곳이다.

풍류의 현장에서

방선문

5.16도로에서 아라초등학교 옆길을 따라 정실방면으로 4km정도 가면 제주교도소 입구가 나오며, 여기서 한라산 방면 왼쪽농로를 따라 1km정도 계속 들어가면 '방선문'이란 표지판이 있다. 이곳에서부터 작은 오솔길을 따라 한참을 걷다보면 넓고 시원한 계곡이 나오는데 이곳이 바로 방선문계곡이다. 방선문계곡은 한라산 탐라계곡과 열안지오름 동쪽에서 내려오는 계곡이 만나는 지점으로, 제주시 용연龍淵으로 흐르는 한천의 상류에 해당한다.

'신선이 방문하는 문'이라는 의미의 '방선문方仙門'이라는 말과 달리, 이곳에 도착하면 막막함과 고요함 뿐이다. 계곡이라는 이름에 어울리지 않게 물소리도 없이 말라버린 건천乾川이라는 것이 첫인상이다. 제주도는 용암석인 현무암이 특징으로 비가 오면 물이 땅 속으로 잘 스며들고, 그 스며든 물이 바닷가 근처에서 솟아올라 용천수를 이룬다. 그래서 대부

분 계곡은 건천으로 이루어져 있다. 그래도 비가 좀 오면 계곡에는 금세 물이 차 올라온다. 방선문 계곡에는 큰 바위로 지붕이 덮여있는 바위 그늘이 있는데, 대문을 열어놓은 것처럼 앞뒤로 트여있어 마치 터널을 보는 듯하다. 150명 이상이 들어가 앉을 수 있을 만큼의 넓이를 지닌 이 터널을 두고 '방선문'이라 불렀다.

방선문의 또 다른 이름은 '영구 춘화'(瀛丘春花.들렁귀계곡의 봄꽃)라고도 불린다. 영구란 '신선'이 산다는 뜻으로, 이 계곡의 절경이 마치 신선이 사는 것처럼 아름답다는 비유를 말해주고 있다. 한라산 계곡물이 바다로 뻗어가는 거대한 계곡으로 이름나 영주십경瀛州十景중 하나로 불리는 이곳은 제주목사가 말을 타고 한라산 등정 길을 떠날 때 쉬어갔던 곳이다. 봄철에는 제주에 부임한 목사들이 육방관속과 관기를 거느리고 방선문에서 시도 읊고 봄놀이도 즐기며 마음을 다스렸으며, 과거의 그런 풍습으로 인해 판소리 소설인『배비장전』의 무대가 되기도 했다.

영구춘화로 불리는 곳 답게 봄이면 계곡 양쪽에 무리 지어 피어난 진달래 등의 꽃들이 장관을 이룬다. 따뜻한 햇살이 내리쬐는 봄날, 흐트러지듯 산뜻하게 핀 진달래와 기암이 절묘한 조화를 이룬다. 화산 활동으로 만들어진 기암괴석 사이로 한라산에서 터져 내려오는 물줄기가 구비 구비 휘어 감기는 모습을 상상하고 있노라면 이게 바로 무릉도원이 아닐까 싶은 기분에 빠져든다.

대원군시절 상소를 올렸다가 제주에 유배왔던 면암 최익현은 유배에서 풀려나게 되자 일행 15명을 거느리고 한라산을 등반했다. 당시는 한라산 등반이 일반화되지 않을 때라 등반로가 제대로 갖춰지지 않았는데, 그들은 방선문 계곡으로 한라산을 올랐다. 면암은 당시 방선문 계곡을 본 소감을 이렇게 표현한다.

> 3월 27일, 남문南門을 출발하여 십리쯤 가니 길가에 시냇물이 흐르는데, 이는 한라산 북쪽 기슭에서 흘러내리는 물들이 모여서 바다로 들어가는 시내였다. 언덕 위에 말을 세우고 벼랑을 따라 수십 보를 내려가니 양쪽 가에 푸른 암벽이 깎아지른 듯이 서 있고, 그 가운데에 큰 돌이 문 모양으로 걸쳐 있는데 그 길이와 넓이는 수십 인을 수용할 만하며, 높이도 두 길은 되어 보였다. 그 양쪽 암벽에는 '방선문등영구訪仙門登瀛丘'란 여섯 자가 새겨져 있고(…) 수단화와 철쭉꽃이 좌우로 나란히 심어져 있는데 바야흐로 꽃봉오리가 탐스럽게 피어나고 있어 이 또한 비길 데 없는 아름다운 풍경이었다. 나는 이런 풍경에 취해 한참 동안 발걸음을 옮길 수가 없었다.
>
> — 최익현의 『유한라산기』 중에서

이런 절경을 즐기기 위해 수많은 풍류객들이 다녀갔을 터인데, 그들은 여기저기 벽면에다가 '마애명磨崖銘'을 남긴 것이다. 제주도에 부임했던 목사나 판관, 유배왔던 적객들이 자연경관이 수려한 이곳을 찾아 풍류를 즐기면서 바위나 절벽에 새긴 유람의 흔적들이 곧 마애명이다. 마애명이란 서각은 자연상태의 바위나 벼랑의 편편한 면에 글자를 새기는 것을 말하며 제주에서는 대표적인 마애명을 방선문과 용연, 산방굴사, 오현단 등에서 쉽게 찾아볼 수 있다.

방선문에는 모두 50여개의 마애명이 있다. 이곳의 절경이나 선비의 기개를 보여주는 한시를 적어놓은 영각詠刻과 이름만을 새겨 놓은 명각名刻이 주를 이루고 있다, 마애명이 새겨진 시기는 주로 영·정조 시대인 1609년부터 1750년대가 주를 이루고 있다. 제주목사 김영완(金永緩, 정조 2년)의 '환선대喚仙臺'에 나오는 친필인 "신선을 찾아 문에 들어섰는데 신선을 만나지 못하자 누대에서 신선을 불러 본다"는 등의 아쉬움이 담긴 한시들이 눈에 띄기도 하고, 홍중징(洪重徵, 영조 14년)의 '등영구登瀛丘'에 나오는 "동굴이 입을 크게 벌린 곳 세일 수 없는 돌이끼 꽃다웁다. 꽃 사이 노래 소리에 란학이 날아드는 듯하다" 라는 시구도 보인다.

이미 오래 전부터 영주십경 중의 하나로 소문난 곳으로 호기심을 끌던 곳이지만 워낙 외지고 일반인들에게는 덜 친숙하고 안 알려져 숨겨진 곳으로 남아 있다. 제주에 사는 사람들도 어디에 있는지 조차 모르는 분들이 대부분으로 점점 역사 속으로 사라지며 지역 동네사람들의 유흥지로 전락하고 있는 현실이 안타깝다. 물소리, 새소리, 진달래꽃을 벗 삼아 풍류를 즐겼을 옛 사람들이 샘이 나서 계곡의 바위 그늘 어딘가에 척 드러누워 본다. 그렇다. 무명저고리 한 벌을 걸치고 있을지언정 음풍농월을 잊지 않았던 그 양반들이 이 아름다운 유혹을 그냥 지나쳤을 리가 없다. 아니 어쩌면 그 유혹에 기꺼이 취해 일부러라도 발을 묶어두고 싶지 않을까 하는 생각이 든다. 몸을 닦고 마음을 실천하며 평생을 살아온 선비들은 언제나 고고한 기상을 지닌 학을 닮고자 했다. 청빈낙도하는 생활 속에서도 풍류를 즐기고 시를 읊으며 살았던 그들의 발자취를 쫓아 방선문 계곡을 여기저기 거니는 동안, 봄날의 노란나비 하얀나비들이 너풀대며 길동무를 자처한다.

근처에 가볼만한 곳

한라수목원

신제주시에 위치해 있다. 진입로에서 한라산의 모습을 한눈에 볼 수 있으며, 광이오름 기슭에 있다. 제주에서 나는 나무는 물론, 온·난대성 나무, 그리고 침엽수림까지 어우러진 독특한 수목원이다. 나무들과 초본류들, 그리고 아열대식물이 드넓은 대지에 보기 좋게 심어져 있고, 나무마다 그 이름을 알리는 친절한 팻말이 제대로 붙어 있어 아이들 교육에도 좋은 장소이다. 나무와 야생화에 관심이 있는 분들은 꼭 들러볼 곳이다.

용두암 · 용연

제주시 용담동 해안에는 용의 머리를 닮았다는 제주도기념물 제57호로 지정된 용두암이 있다. 이 바위의 높이는 약 10m나 되며, 제주 관광객들이 가장 즐겨 찾는 명승지이다. 화산용암이 바닷가에 이르러 식어 해식海蝕을 받아 형성된 것으로 보이며, 용이 승천하려다 뜻을 이루지 못했다는 전설을 담고 있다. 용두암에서 동쪽으로 200m 정도 떨어져 있는 한천漢川의 하류지역에 높이 7~8m의 기암계곡인 용연龍淵이 있다. 옛날 용이 놀던 못이라는 전설에 따라 '용연'이라고 붙여졌고 취병담 또는 용추라고도 불린다

관덕정 · 목관아지

관덕정은 제주 문화재 보물 제322호로, 1448년 제주목사 신숙청이 군사훈련을 위해 창건한 것이다. 목관아지는 관덕정 인접 북쪽에 위치하고 있으며, 1991~1992년 2차에 걸친 발굴조사로 탐라국으로부터 조선 · 근대에 이르기까지 여러 시기의 유구와 문화층이 확인되었다. 특히 조선시대의 관아시설인 동헌과 내아의 건물지 등이 확인되어 제주목의 관아지로 밝혀진 중요한 유적이다.

저 눈물의 의미를 아시나요

수월봉

제주도의 아름다운 풍경 가운데서도 수월봉의 일몰 광경은 결코 빠뜨릴 수 없는 곳 중의 하나다. 수월봉은 제주시와 서귀포 간 일주도로의 한경면 고산리에 위치해 있다. 수월봉에 올라 북쪽을 바라보면 차귀도가 보이고 더 멀리 발전용 풍차가 장관을 이룬다. 수월봉은 여느 산봉우리가 아니라 푸른 초원의 언덕 같은 느낌이 더 강했다. 그래서인지 수월봉에서의 풍경은 말 그대로 가슴 속 깊이 탁 트인 느낌을 가져다준다. 수월봉의 환상적인 지질층 계단 마디마디와 그 부드러운 곡선 사이를 비행하는 매와 갈매기의 몸짓은 경쾌하기 이를데 없다. 수월봉의 정상인 수월정에서 바라보면 차귀도, 죽도, 눈섬, 단산봉, 고산들과 산방산, 한라산이 두루 보이고 날씨가 맑을 때면 멀리 형제섬까지 보일 정도로 경관이 뛰어나다. 이같이 아름다운 자연과 절묘한 조화를 이루는 수월봉의 일몰은 제주도 최고의 경관이 아닐 수 없다.

수월봉의 일몰이 아름다운 것은 그 장엄함과 아름다운 광경 때문이기도 하지만, 그 속에 담긴 슬픈 이야기 때문에 우리를 더욱 감동케 한다. 수월봉의 바다 쪽 절벽은 깎아지른 듯한 절벽으로 형성되어 있으며 동쪽으로 약 2km까지 이어진다. 이 해안 절벽을 '엉알'이라고 부르며 벼랑 곳곳에는 맑은 샘물이 솟아 흘러서 '녹고물'이라는 약수터로 널리 알려져 있다. 옛날 수월이와 녹고라는 남매가 홀어머니의 병구완을 위해 수월봉에 오갈피라는 약초를 캐러 왔다가, 여동생인 수월이가 절벽에서 떨어져 죽자 녹고는 슬픔을 못이겨 17일 동안을 울었다고 한다. 이 녹고의 눈물이 곧 녹고물이라고 전하며 수월봉을 '녹고물 오름'이라고도 한다. 홀어머니에 대한 극진한 자식들의 효심, 남매의 따뜻한 사랑 이야기가 수월봉의 낙조를 바라보는 우리들의 마음을 더욱 애틋하고 가슴 아프게 한다.

수월봉에 오른 많은 사람들이 일몰의 아름다운 광경을 사진에 담기위해 여념이 없다. 우연히 바로 곁에 칭얼대는 아기를 안고 있는 젊은 부부가 눈에 보인다. 수월봉 일몰을 보러 서울에서 내려왔다고 한다. 그러나 태어난 지 얼마 되지 않아 보이는 어린 아기가 일몰의 의미를 어찌 알 것인가.

일몰의 광경 중에서 서서히 바다로 빠져 들어가는 붉은 해도 장관이지만 푸른 바닷물에 비친 붉은 빛깔은 강렬한 색채의 조화를 이루며 아름다움의 극치를 이룬다. 바닷물 위에 찬란하게 반사되던 햇빛과 색채의 조화는 어느 순간에 끝나버리고 그 자취를 모두 감춰버린다. 그리고는 아무 일 없었다는 듯이 바다 위에는 덩그러니 고기잡이 배 몇 척이 유유히 거닐며 남아있다.

뜨는 것과 지는 것이 있으니 일출과 일몰이 아니겠는가. 일출에서 일몰까지의 시간, 그 시간의 흐름은 그래서 우리들 인생과 닮은꼴이다. 동쪽에서 태어나서 잠시 거닐다가 서쪽으로 지는 우리네 인생. 길지만 짧기 만한 그 시간 속에서 우리는 얼마나 많은 기쁨과 슬픔, 만남과 이별을 거듭하며 한평생을 마감하는가. 일출의 시간에 바라보면 아득하고 길게만 느껴지는 인생이 일몰의 시간에서 바라보면 그리움과 아쉬움으로 가득하다.

하루의 해가 뜨고 지는 거와 마찬가지로 우리의 삶은 빛과 밝음의 세계에서 영위된다. 아침에 눈을 뜨면 밝은 세상에서 개인적 사회적 목적을 이루기 위해 다투고, 우정과 사랑 때문에 웃고 울고 아파하고 기뻐해야 한다. 그래서 우리가 밝음의 세계에서 살아가면서 맞이하게 되는 행복과 불행, 진리와 거짓…. 이러한 것들은 이 우주와 세상의 역사가 되기도 하고 무한한 혼돈이 되기도 한다. 우리들의 삶은 무한한 빛과 밝음의 얼룩짐이다.

그러나, 우리들이 밝음의 세계에서만 살아가는 것은 아니다. 때로 우리는 빛의 세계 저 아래에 있는 어둠의 세계를 들여다보게 된다. 일단 빛의 세계를 떠나 어둠의 세계를 들여다보게 되면 우리들을 괴롭히는 의문은 한둘이 아니다. 우리가 아무리 자신이 원하는 바를 모두 다 이루고 행복하게 산다고 해도 죽음에 대한 공포나 두려움에서 해방될 수는 없다. 우리가 죽어 친지들이 슬퍼하는 가운데 칠흑 같은 어둠 속에 묻혀 무겁고 축축한 흙에 덮인다는 것을 상상만 해도 답답하다. 또한 눈을 감으면 찾아오는 어둠의 세계 속에서 곰곰이 생각해 보면 우리의 이성은 보잘것없고 우리의 지성이라는 것도 정말 부끄러운 것이다. 우리는 하루도 어김없이 반복되는 일출日出과 일몰日沒의 의미조차 완전히 깨닫지 못하면서 틈만 나면 우리의 지성과 이성을 뽐낸다. 우리는 살아가면서 끊임없이 부모와 형제, 친구와 애인, 그리고 이웃과 공동체에 대한 사랑과 도덕과 정의를 다짐한다. 그러나 저 아래 어둠의 세계에 도사리고 있는 또 다른 나 자신에게 그러한 다짐과 희구가 얼마나 진실 된 것인가를 되물어보게 되면, 부끄러운 자신의 모습을 바라보게 된다. 어둠의 세계에서 바라보는 이 세상과 우리들 자신의 모습은 위선과 가식으로 가득 차 있다.

그럼에도 불구하고 우리는 어둠의 세계 속에 도사리고 있는 우리들의 모습을 애써 외면하고자 한다. 밝음과 어둠의 세계를 오가면서 우리는 모르면서도 아는 척 하고, 거짓이면서도 진실이라고 하고, 결국은 죽는다는 것을 알고 있지만 죽지 않으려고 하는 것이다. 만추가 되어 뚜렷이 갈 곳도 없이 발걸음이 무거울 때 즈음이면, 우리들이 젊은 시절부터 소중하게 간직해 오던 꿈과 희망은 비오는 가을 들판을 적시는 낙엽과 같은 것이 되어버리고 만다. 그리고 주체치 못할 정도로 활기차고 왕성하던 젊은 정신과 육체가 시들해지기 시작하면 우리는 저절로 왜 사는가 하고 삶의 의미를 다시 묻지 않을 수 없게 된다.

수월봉의 낙조를 뒤로 하고 시내로 향해 떠나던 중간에 넓은 마늘밭이 펼쳐진다. 마침 할머니 여러 명이 허리를 꾸부리고 마늘수확을 하고 계시는 모습이 보인다. 맑은 가을 하늘아래에서 할머니들의 모습은 수월봉의 낙조만큼 아름답게 보였다.

• 근처에 가볼만한 곳 •

차귀도

차귀도는 무인도로서 제주도 고산리 해안과 약 2㎞ 떨어져 있다. 차귀도는 천연기념물 제422호이며, 제주도에서 난류의 영향을 가장 먼저 받는 지역으로, 서식하고 있는 동식물이 매우 다양하며 아열대성이 가장 강한 지역이다.

설록차박물관

차 박물관인 〈오' 설록〉은 녹차에 관한 모든 것을 한 자리에서 찬찬히 살펴볼 수 있는 장소다. 제주도 남제주군 안덕면 서광다원 내에 개관한 종합 차 문화 전시관인 〈오' 설록〉 전시관에는 차의 역사와 공정을 알 수 있는 전시관, 설록차 관련 영상물 상영이나 세미나 등을 열 수 있는 영상관, 설록차 제품과 녹차를 활용한 여러 가지 제품을 만날 수 있는 설록콜렉션 등이 들어서 있다.

신창리 해안도로

제주에는 다양한 해안도로가 나 있다. 그 중에서 북쪽에 위치한 제주시에서 출발하는 '서부권 해안도로' 는 애월~한림~한경~대정~안덕 으로 이어진다. 그 중에서도 제주도 서쪽 끝으로 수월봉과 차귀도를 볼 수 있는 곳인 신창리에서 일과리로 이어지는 해안도로는 특히 아름답다.

평화가 가득한 초원

성이시돌목장

이시돌은 스페인 농부로서 1110년 스페인의 마드리드에서 태어났는데, 집안이 워낙 가난하여 학교에 갈 여유가 없어 글을 읽고 쓰는 것도 몰랐지만 열심히 기도하고 신부님의 강론을 들으며 여느 학자들에게 뒤지지 않는 지식을 갖게 되었다. 그는 부모님을 돕기 위해 어렸을 때부터 오한 더벨그스라는 사람의 농장에서 일했는데 '기도하고 또 일하라!'는 트라피스트의 표어대로 일을 할 때에는 열심히 일했지만, 아침 미사와 주일 미사 참례에는 빠진 적이 없다. 주일에는 성당에만 갈 뿐 일을 하지 않았기 때문에 같은 농장에서 일하는 일꾼들은 주인에게 고자질을 했다. "이시돌은 하느님을 섬긴다는 핑계로 일을 하지 않는 게으름뱅이입니다." 그 말을 들은 주인은 화가 나서 밭으로 조사하러 나갔다. 주인이 숨어서 보니 이시돌은 쟁기 하나로 밭을 갈고 있었는데 신기하게 고랑은 세 개가 되고 있었다. 주인은 놀라서 좀 더 자세히 눈여겨보니 이시돌을 도와 두 천사가 밭을 갈고 있었다. 놀란 주인은 마을로 내려와 사람들에게 이 사실을 알렸다. 그래서 이시돌은 천사들과 함께 일하는 사람이라는 소문이 났다. 이시돌은 일생을 가난하고 검소하게 생활했지만, 가난한 사람을 그냥 지나치거나 찾아온 나그네를 빈손으로 돌려보내는 법이 없었다. 겨울에는 먹이를 찾지 못해 헤매는 새들을 위해 곡식을 뿌려줄 정도로 자비심이 많았던 것이다.

이시돌은 60세가 된 1170년에 주님의 부르심을 받아 숨을 거두었는데, 그의 죽은 얼굴에는 말로 표현할 수 없는 성스러운 광채가 가득 차서 보는 이로 하여금 무의식중에 "아, 이분은 성인이구나!"하고 부르짖게 할 정도였다. 그 뒤로 스페인 왕실은 이시돌을 그레고리오 15세 교황 치하에서 성인품에 오르게 하였다.

서부관광도로에서 금악마을을 향해 가다 보면 길가에 넓은 초원이 펼쳐져 있고, 그 위에서 소나 말이 뛰어노는 것을 볼 수 있다. 이곳이 바로 제주도 천주교의 자랑이자, 금악마을의 상징이 된 '성이시돌목장'이다. 이시돌목장은 한라산 중산간지대의 16만 5000㎡에 자리하고 있다. 아일랜드 출신 패트릭 제임스 맥그린치 신부가 1954년 4월 선교회 소속으로 제주도에 온 뒤, 6·25전쟁과 4·3 사건 등으로 폐허가 된 제주에서 가난을 대물림하며 살아온 제주도민들에게 자립의 기틀을 마련해 주고자 1961년 11월 성 이시돌 중앙실습목장으로 개장하였다. 가난한 제주도민들을 위해 만들어진 목장에 하느님께서 함께 해 주실 것을 믿고 있던 맥그린치 신부님은 목장 이름을 이시돌이라고 지은 것이다. 이렇게 성 이시돌 목장은 가난하고 척박했던 제주에서 빈곤을 몰아내기 위해 너른 황무지를 개간하였다. 그리고 유기농법을 활용하여 척박한 땅을 더 깨끗

하고 비옥한 토양으로 만들어갔다. 성 이시돌 목장은 가난하고 소외된 이웃을 돌보듯이 오염되어가는 자연과 환경도 함께 돌보는 친환경 목장으로 발전하게 된 것이다.

성이시돌목장은 시원한 들판에 말들과 가축들이 뛰어 놀고 있었다. 푸르고 높은 아름드리 삼나무들이 곳곳에 늘어서 있으며, 오랜 세월을 증명이라도 하듯 나무들을 감싸고 자라는 초록색의 넝쿨들이 더욱 아름답게 보이는 평화로운 곳이었다. 성이시돌 목장에 도착해서 가장 먼저 눈에 띄는 것은 언뜻 막사처럼 보이는 건축물이다. 성이시돌목장이 처음

생겼을 때, 가축을 수용할 수 있는 축사가 없어 태평양 전쟁 때 일본군이 사용했던 막사를 이용해서 가축들을 부렸던 곳이다. 예전에는 상당히 많았다고 하는데, 지금은 거의 없어졌고 초입에 하나가 남아 있어 성이시돌 목장의 오랜 세월이 느껴지는 기념비처럼 되어 버렸다.

제주도에는 목장이 참으로 많아서 조랑말과 양, 소를 키우는 목장이 제주도 전역에 걸쳐 있다. 차를 타고 제주도를 돌다 보면 어디서든 어렵지 않게 말이 뛰노는 모습과 양들이 한가로이 풀을 뜯는 모습을 볼 수 있다. 성이시돌 목장도 그 대표적인 곳 중 하나이다. 하지만 이곳은 입구에서부터 곳곳에 종교적인 분위기가 드리워진 탓인지 더 평화롭고 편안한 곳이다. 그래서인지 넓은 초원과 조그마한 호수를 끼고 있는 성이시돌 목장은 오래전부터 사진 애호가들이 즐겨 찾는 곳 중의 하나이기도 하다. 평화롭고 단아하게 정리된 목장 구석구석을 걷다보면 셔터에 저절로 손이 올라가는 곳이 참 많다.

사실 성이시돌목장은 천주교인들에게는 목장보다는 성지로 더욱 유명하다. 목장 외에 성이시돌양로원, 피정센터, 젊음의 집, 삼뫼소 은총의 동산, 천주교금악교회, 성이시돌어린이집, 글라라관상수녀원, 농촌산업협회 등이 함께 있고 삼위일체 대성당이 건축되는 등, 목장보다는 천주교 성지로 더 알려져 있다. 신자들을 위해 준비된 십자가의 길은 그 어떤 성지에서도 보기 힘든 근엄함이 펼쳐진다.

많은 사람들은 성이시돌목장을 떠나는 길목에서 사계절의 각각 다른 인간과 자연에 대한 추억을 담아갔을 것이다. 그리고 곳곳에 자리하

고 있는 성스러움과 평화로움에 저절로 경건한 마음으로 옷깃을 여미었을 것이다. 관광객들로 번잡한 관광지를 피해서 평화로운 마음의 안식처를 찾고 싶을 때 한 번쯤 들러 조용히 산책하면서 명상에 잠길 수 있는 곳이 성이시돌목장이다.

근처에 가볼만한 곳

금오름

해발 427.5m, 분화구 바깥둘레 1,200m로 제주도 서부중산간 지역 한림읍 금악리에 위치한 오름이다. 고조선시대부터 쓰여 온 검 · 감 · 곰 · 금 등은 신神이라는 의미를 가진 곰과 뜻이 서로 통하기 때문에 금오름은 신을 의미하는 오름으로 예로부터 신성시되어 왔다. 한자로는 금을악琴乙岳, 金乙岳 · 흑악黑岳 · 금악今岳, 琴岳 등 다양하게 표기한다.

새별오름

북제주군 애월읍 봉성리에 있는 해발 519.3m, 높이 119m 인 오름이다. 분화구의 형태는 복합형이며 오름을 오르는 입구에서 약 30분 정도면 정상에 도착할 수 있다. 오래전부터 가축을 방목하였으며 겨울이면 들불을 놓았다. 이런 이유로 해마다 정월대보름이 되면 이곳에서는 들불축제가 열린다. 오름엔 들불을 놓은 후 자란 풀이 고운 풀밭을 이루고 있으며, 정상의 다섯개의 봉우리는 서로 이어지면서 근처의 오름으로 연결되어 있다.

정물오름

서부관광도로변에서 이시돌목장으로 가는 길을 따라 2km 정도 가다보면 축사가 나타나고 그곳을 조금만 지나면 왼쪽으로 길이 하나 나있다. 흙길로 200m만 진입하면 정물오름을 알리는 표지석이 나타난다. 살짝 철조망이 쳐져 있는 입구 옆으로는 정물샘(안경샘)이 있다. 오름을 올려다보면 넓은 가슴으로 양팔을 벌려 안는 듯해 오르기도 전에 마음이 푸근해진다.

소멸과 생성의 숲

절물휴양림

제주시 봉개동 절물오름 화산 분화구 아래 1997년 7월 23일 개장한 제주 절물 자연휴양림은 총 300ha의 면적에, 30~34년생 삼나무가 수림의 90% 이상을 차지하며 빽빽하게 들어서 있다. 바다 쪽에서 불어오는 시원한 바다바람과 절묘한 조화를 이뤄 한여름에도 시원한 한기를 느낄 수 있는 곳이다. 원래 삼나무는 속성수로서 바람이 많은 제주에서 감귤나무 등을 보호하기 위한 방풍림 목적으로 심어졌으나, 자연휴양림으로 개발되면서 안락한 휴식공간을 제공하고 있다.

휴양림 내에는 산책로, 약수터, 야영장 등 다양한 시설이 갖추어져 있어 가족끼리 혹은 연인끼리 오붓한 한때를 보낼 수 있다. 산책로는 비교적 완만하고 경사도가 낮아 노약자나 어린이와 장애인에게도 무난하며, 해발 650m의 절물오름까지 오르는 등산로는 1시간 정도면 충분히 왕복이 가능하다. 등산로 정상에는 말발굽형 분화구 전망대가 있어 날씨가 좋은 날이면 동쪽으로 성산일출봉, 서쪽으로는 제주에서 제일 큰 하천인 무수천, 북쪽으로는 제주시가 한눈에 보인다. 아무리 날이 가물어도 결코 마르지 않는다는 약수터는 신경통과 위장병에 특효가 있다고 하며, 일제시대에는 가뭄이 들어 동네우물이 모두 말랐을 때에도 주민들 식수로 이용했을 정도로 풍부한 수량을 자랑한다. 휴양림 내에는 다양한 동식물이 서식하고 있는데, 휴양림 주종인 삼나무 이외에 소나무, 다래, 산뽕나무와 더덕, 드릅 등의 나물종류도 다양하게 분포하고 있다. 지금은 까치에게 자리를 내주고 거의 자취를 감추다시피한 까마귀도 서식하고 있으며 밤에는 노루 우는 소리가 우렁차게 들리기도 한다.

이해인 수녀는 절물휴양림을 찾아 숲길을 걸은 후 남긴 시 '나무처럼 너른 하늘을 품에 안은 이'에서 이렇게 노래한다. "제주의 아름다운 숲 절물휴양림에서 낙엽들을 보면서/길을 가다 보면 우리도 한 그루 나무가 되어 하늘을 안습니다/둥글고 푸른 마음으로 세상 모든 사람들을 끌어안으며 기도하는 기쁨을 감사드립니다." 수녀님의 말대로 숲 속에서는 낙엽과 길과 나무가 하나가 되어 어우러진다. 절물자연휴양림의 하이라이트로 들어서는 입구인 삼울길(즉 삼나무가 울창한 숲길의 줄임말이다) 숲속에 들어가면 숲의 향기가 감돌아 연한 숲내음을 맡을 수가 있다. 이러한 향기의 성분이 바로 피톤치드Phytoncide이다. 피톤치드는 Phyton(식물)과 cide(다른 식물을 죽이다)의 러시아 합성어이다. 식물이 자라는 과정에서 상처 부위에 침입하는 각종 박테리아로부터 자기 자신을 보호하기 위하여 끊임없이 발산하는 방향성 물질로 인간의 피부를 자극시켜 소염, 소독시키는 등 약리작용을 할 뿐 아니라 인간의 정신을 안정시키고 해방감을 주며 축적된 정신적 피로를 해소시켜 주는 복합적인 효과가 있다는 것이

다. 특히 편백나무와 삼나무는 가장 많은 피톤치드를 내뿜는 것으로 알려져 있다. 삼나무는 보통 경남, 전남 등지에서는 조림수종으로 식재되지만 이곳 제주도에서는 농경지·과수원·목장·가옥 등을 강풍으로부터 보호하기 위하여 조성한 방풍림으로 많이 식재되었다고 한다. 절물자연휴양림의 삼나무 숲길은 역시 제주의 삼다의 하나인 바람과 불가분의 관계에 있음을 느낄 수 있게 한다.

지난 2010년 7월24일에 개통된 장생이숲길은 절물휴양림의 또 다른 명물이 되어 삼나무 숲속 휴양지에는 가족과 단체 모임이 휴식을 즐기고 있다. 장생이숲길에 들어서 곧게 뻗은 삼나무 숲과 자연림으로 11.1km 오솔길을 따라 걷다보면 지친 몸과 마음은 해방감을 맛보게 된다.

숲속에서 바람이 가는 길을 따라서 걷다보면 어느새 벼랑 끝에 선다. 그래도 바람은 가는 길을 멈추지 못하게 한다. 바람은 떠돌이 악사樂士인지 모른다. 나무의 떨림 속에서 악기를 등에 지고 여기저기 떠돌다가 사라지는 바람, 바람이 가는 길은 알 수가 없다. 나무에게 새들에게 한마디 말만 남기고 또 어디론가 사라진다. 쉬어 가며 꽃잎도 살며시 열어주고 나무에게 초록 옷도 갈아 입혀주고 하늘하늘 춤도 추어보며 저 멀리 사라진다.

어스름 해질녘 절물자연휴양림 숲길에는 어디서 왔는지 알 수 없는 옥양목 같은 바람 한 자락이 휘이휘이 산모퉁이를 휘돌아 풀섶을 스치고 지나간다. 바람은 정처 없이 불어 사라지는 줄로만 알았는데, 바람에게도 길이 있었다. 사계절 어느 때에도 무작정 불어대는 바람은 없는 듯하다. 그들에게도 우주의 법칙이 있다. 그래서 바람 부는 숲길을 걷다보면 안개 자욱한 도심의 뒷골목이 생각나고, 갈 길도 모른 채 헤맸던 날들이 후회스럽고, 이루지 못한 일들이 회한으로 남는다. 머물지 않는 바람에게 인생을 배우면서 오늘도 바람 따라 길을 간다. 바람이 강하게 부는 것은 우리를 더욱 강하게 하기 위해서인지 모른다. 바람이 불지 않았다면 우리는 뿌리가 약해 어쩌면 금세 쓰러지고 말았을 것이다.

나는 오늘도 무언가를 찾기위해 누군가를 만나기 위해 숲 속을 배회하고 있다. 이제 바스락대는 다람쥐소리도, 찌찍대는 새소리도 안 들리고 숲 속은 적막만이 가득하다. 아무도 찾는 사람 없는 깊은 숲 속에 나뭇잎 하나가 스르르 발끝에 떨어진다. 진실한 사랑과 인생은 오직 한 번밖에 오지 않는다는 것을 가르치려 하는 것인지 숲은 퇴적의 앙금을 남기지 않는다. 숲은 천년의 세월을 두고도 흘러가고 또 흘러오는 소멸과 언제나 갓 태어난 신생의 순환으로 새롭고 싱싱하다. 숲은 고요하게 텅 비어 있다. 그러나 숲은 가득 차 있다.

근처에 가볼만한 곳

노루생태관찰원

2007년 8월에 문을 연 이곳 노루생태관찰원에는 200여 마리의 노루가 자연에서 자유로이 뛰놀고 있고, 이를 관찰할 수 있는 관찰로와 함께 1ha의 면적에 상시관찰원이 조성되어 있으며 노루의 생활상을 한눈에 볼 수 있는 영상전시실 등이 갖추어져 있다. 어린이를 동반한 가족들이 방문해 볼 만한 곳이다.

4.3평화공원

제주시 봉개동에 있는 이 공원은 4 · 3사건 발발 이후 50여 년간 해원되지 못한 희생자의 넋을 위령하고, 그 역사적 의미를 되새겨 희생자의 명예회복 및 평화와 인권을 위한 교육의 장으로 조성되고 있다. 제주4 · 3의 역사를 기억하고 재현하여 그 정신과 희생자의 넋을 기리는 상징적인 장소로 자리잡고 있다.

민오름

제주시 봉개동 절물휴양림 바로 건너편에 위치한 이 오름은 높이 651m, 총면적 51만 8910㎡ 규모로 주봉인 남쪽 봉우리와 서너 개의 작은 봉우리로 이루어져 있다. 주봉에 북동쪽으로 입구가 벌어진 말굽 형태의 분화구가 있는데, 분화구 안에는 나무로 우거진 수풀이 자리잡고 있다. 오름 전체가 울창한 숲으로 이루어졌으며 동쪽 산등성이에는 다양한 들꽃들이 자생하고 있다.

파도는 그리움으로 밀려오고

성산일출봉

살아서 고독했던 사람 그 사람 빈자리가 차갑다
아무리 동백꽃이 불을 피워도
살아서 가난했던 사람
그 사람 무덤이 차갑다

나는 떼어놓을 수 없는 고독과 함께
배에서 내리자마자
방파제에 앉아
술을 마셨다.

— 이생진의 '그리운 바다 성산포4'에서

제주를 찾는 사람들이 가장 가보고 싶어 하는 곳 중의 하나가 제주도 동쪽 끝에 위치한 성산일출봉이다. 일출봉은 말 그대로 해돋이 때

문에 유명하기도 하지만 주변 경관이 워낙 아름답고 주변에 가볼만한 관광지가 많은 곳이기도 하다. 일출봉의 오른쪽에는 난섬과 우도의 절경이, 왼쪽에는 섭지코지와 신양해수욕장이 절경을 뽐내고 있다.

일출봉은 그 지질학적인 가치로 인해 제주도 기념물 제36호로 지정·보호되고 있다. 성산 일출봉은 10만 년 전, 제주도의 수많은 분화구 중에서는 드물게 바다 속에서 수중 폭발한 화산체이다. 용암이 물에 섞일 때 일어나는 폭발로 용암은 고운 화산재로 부서져 분화구 둘레에 원뿔형으로 쌓여 있다. 원래는 독자적인 화산섬이었지만 신양해수욕장 쪽 땅과 섬 사이에 모래와 자갈이 쌓여 육지와 연결이 된 것이다. 일출봉 정상에는 8만여 평이나 되는 분화구가 자리한다. 그래서 해발 182m에 99

개의 작은 봉우리로 둘러싸인 험준한 정상부는 꼭 접시 위에 깔아 놓은 곱고 거대한 잔디밭이 깔린 천연 축구장 같은 인상을 준다. 이곳은 해양성 기후라서 늘 해무나 구름에 가릴 때가 많아 운이 좋지 못하면 정상부의 장엄한 광경을 보지 못하는 경우가 많다.

멀리서 바라보면 분화구를 둘러싸고 있는 작은 봉우리들은 참으로 섬세하다. 99개의 봉우리에 빗대어 이를 '구구봉'이라 부르기도 한다. 구구봉 가운데는 전쟁을 치르는 병사의 모습도 있고, 거북의 모습도 있고, 종을 든 사람의 모습도 있다. 아흔아홉 개의 봉우리 각각마다 구구절절한 사연이 있을 법하다. 절벽에 하얗게 쌓인 조각 같은 것이 있어 사람들은 사진을 찍어대는데, 이곳에 사시는 할아버지에 의하면 그건 갈매기 똥이란다. 하도 똥을 많이 싸놓으니 이 또한 세월이 지나면서 바위처럼 굳어졌단다. 워낙 아름다운 곳에 있다 보니 별것이 다 시선을 끄는 풍경이 되어버린다.

일출봉은 그 모습이 거대한 성城과 같다하여 성산城山이라 불리운다. 성산포에 닿으면 가장 먼저 일출봉의 위용에 눈길이 닿는다. 둥근 바위산 아래로 넓은 초원이 펼쳐지고 있으며 초원 위로는 말들이 한가로이 노닐고 있는 모습이 사뭇 이국적인 분위기이다. 우도가 손에 잡힐 듯 보이고, 깎아지른 절벽 아래 푸른 바닷물이 넘실대고 있다. 성산포 항구를 한눈에 굽어보노라면 그 전경에 감탄을 금할 수 없다. 이른 새벽 일출봉에서 바라보는 해돋이 광경은 예로부터 영주십경 중 제 1경으로 꼽힐 정도로 명성이 자자해서 많은 사람들이 일출을 보기 위해 이곳을 찾기도 한다. 넘실대는 푸른 바다 저편 수평선에서 이글거리며 솟아오르는 일출은 온 바다를 물들이고 보는 이의 마음을 붙잡아 놓으며 저절로 감탄사를 낳게 한다. 꼭히 일출봉에 오르지 않더라도 성산포 항구 아래편에서 일출봉을 비켜 오르는 일출의 모습도 장관이다. 일출봉을 오르다보면 가운데쯤에 비쭉 튀어나온 칼바위를 보게 된다. 바위 아래에 벤치가 놓여있고 벤치에 앉으면 뒤로 우도를 오가는 유람선이 파란 바다를 가로지르며 그려내는 하얀 궤적이 한 폭의 그림과 같이 그려진다. 일출봉은 그 자체를 돌아보는 것도 괜찮지만, 섭지코지나 난섬 쪽에서 올려다보는 모습 또한 일품이다. 특히 유채가 만발하는 봄이면 섭지코지나 신양해수욕장과 성산포 사이의 노란 유채밭 사이로 올려다보는 일출봉이 실로 장관이 아닐 수 없다.

많은 사람들이 성산 일출봉은 올라가지만 성산포항을 들리는 사람은 드물다. 차를 몰아 항구로 들어갔다. 성산포항에는 정박한 배들이 바람난 여인네가 엉덩이를 흔들어대듯 잔물결에 슬쩍슬쩍 엉덩이를 흔들며 모여 있었다. 가까이서 멀리서 등대들이 배를 바라보며 서 있다. 오늘은 노란 등대를 켜줄까, 빨간등대를 켜줄까? 등대가 지나가는 배들에게 그렇게 묻지는 않겠지. 바닷물이 끊임없이 성산포의 턱밑을 드나든다. 사람들의 관심을 크게 끌지 못하는 성산포는 제주 동부의 최대 어항인 동시에 동부 관광의 중심이 된다. 요즘 들어 각광 받는 우도로 떠나는 도항선을 비롯한 관광유람선, 낚시선, 어선 등의 출발지이기도 하다. 또한 풍부한 해산물을 재료로 하는 갖가지 요리와 미각의 고향이기도 하다. 다른 어느 곳보다 일찍 새벽을 준비하는 곳. 갈매기 울음 날아오르는 거대한 성채에 잿빛하늘이 빛살로 날아오는 곳. 성산포항에는 언제나 만남의 기쁨과 헤어짐의 슬픔이 있다.

바다는 육지로 나아가려 하고 육지는 바다를 마중 나간다. 바다와 육지가 만나는 기쁨과 이별의 슬픔은 때로 아주 격렬하고 크다. 만남의 기쁨과 이별의 슬픔이 크면 파도는 아주 격렬하게 뛰어오른다. 육지와 바다는 하루 종일 슬픔과 기쁨으로 들떠 있다. 혹시 성산포도 원래 저 자리에 있었던 것이 아니라 어디 멀리서 파도가 싣고 온 것은 아닐까. 아름다운 곳에 선물 하나 놓고 가고 싶은 심정으로 이곳에 성산포를 두고 간 것은 아닐까. 성산포는 사랑의 항구이다. 그래서 여기저기 사랑하는 사람들이 남긴 추억과 그들이 남긴 흔적들은 사진첩을 가득 채우고 있다. 이곳에서 사진을 찍으며 사랑과 영원을 약속했던 사람들, 그때 그들을 축복해주던 아름다운 유채꽃들은 이제 다 시들었겠지만 그때의 그 사랑은 영원 속에 남아있을까.

검붉은 노을은 바다로 침몰해가면서 성산포의 신비스러운 밤바다를 물들인다. 석양에 비친 파도는 부드러운 봄바람이 불 때마다 잔잔하게 출렁이며 마치 무지개를 품은 듯 신비스러운 색감을 연출하며 반짝거린다. 해안도로를 따라 달리다 샛노란 유채꽃이 화려하게 넘실대는 들녘에 차를 세우고 다시 한 번 노을 지는 바다를 바라본다. 붉은 석양이 바다 속으로 빠져들어 가면서 연출해내는 화려함은 신기루와 같은 것이다. 세상의 모든 쓸쓸함과 외로움을 모두 모아 바다 속에 던짐으로써 저 아름답고 신비로운 색깔을 만들어내고자 하는 것인가. 굳이 일출이 아닌 일몰 때에 성산일출봉을 찾아 나선 이유는 죽어서라도 이 지상의 모든 외로움과 그리움을 다 털어 버리고 싶었기 때문이다.

저 섬에서 한달만 살자
저 섬에서
한달만
뜬 눈으로 살자
저 섬에서 한달만
그리운 것이 없어질 때까지
뜬 눈으로 살자.

— 이생진의 '그리운 바다 성산포4'에서

● 근처의 가볼만한 곳 ●

섭지코지

성산읍 신양리에 신양해수욕장에서 2㎞에 걸쳐 바다를 향해 길게 뻗어 있다. 섭지란 재사才士가 많이 배출되는 지세란 뜻이며 코지는 곶을 뜻하는 제주방언이다. 뱃머리 모양을 하고 있는 바닷가 쪽의 고자웃코지와 해수욕장 가까이에 있는 정지코지로 이루어져 있다. TV드라마 〈여명의 눈동자〉, 〈올인〉의 촬영지로도 알려져 있다.

종달해안도로

제주사람들이 좋아하는 해안도로 중의 하나이다. 주위 풍경도 상당히 아름답고, 깨끗한 바다와 제주시와 멀리 떨어져 있어서 한적한 분위기가 연출된다. 성산일출봉을 들린 후 시내로 나갈 때 이 길을 이용할 만하다. 아름다운 해안을 따라서 새하얀 백사장이 펼쳐지고 우도와 문주란 자생지인 토끼섬도 보인다.

신양해수욕장

성산읍 신양리에 있는 해수욕장으로 백사장 길이 약 300m, 폭 80m, 평균 수심 1m의 자연조건을 가지고 있다. 해안은 반월형이며 모래는 입자가 곱고 검다. 섭지코지 곶부리 안쪽에 있어 파도가 직접 바다로부터 오지 않아 높이가 낮다. 바닥은 완만한 경사를 이루며 수심이 얕아 아이들도 안전하게 즐길 수 있으며, 마을과 조금 떨어져 있어 조용하다. 반월형 해안선으로 인해 윈드서핑에 적합해 각종대회가 열린다.

한송이 수선화가 되어
바굼지오름과 추사유적지

두모악 가는 길
김영갑갤러리

한의 흔적은 그대로 남아
쇠소깍

슬픈 역사를 부여안고
알뜨르 비행장과 섯알오름

산도 아닌 것이 오름도 아닌 것이
송악산

제주의 영웅들
항몽유적지

유서 깊은 마을의 역사
성읍민속마을

2부 | 세월의 흔적을 찾아서

한송이 수선화가 되어

바굼지오름과 추사유적지

바굼지오름은 산방산에서 서쪽으로 1km쯤 떨어진 곳, 안덕면 사계리와 대정읍 인성리에 걸친 표고 158m의 바위산이다. 앞에서 보나 뒤에서 보나 거칠고 험악하여 부드러운 느낌이라고는 없으며 가까이 갈수록 그것은 누워 있는 긴 괴물이 머리를 치켜들고 꿈틀거리기 시작할 듯한 인상이다. 위압적이리만큼 사나운 모습은 날개를 편 거대한 박쥐를 연상케 하는데, 이 오름의 이름을 바굼지오름으로 부르는 것도 그 때문이다. 또한 바굼지오름은 커다란 바구니를 닮았기도 하여 '단산簞山'이라고 불렸다고 한다.

대개 제주의 오름이라면 봉긋하게 솟은 가운데 분화구가 있는 게 일반적이라 할 수 있다. 그러나 단산은 세 개의 봉우리로 구성되어 있는데, 주봉인 중앙의 봉우리는 가장 높이 박쥐의 머리를 이루고, 좌 우의 두 봉우리는 주봉보다 낮아 박쥐의 두 날개죽지 모양과 흡사하다. 한자

이름 파군산破軍山은 바굼지오름의 한자음을 빌어 표기한 것이다. 과거 삼별초의 격전지로서 여몽 연합군이 삼별초군을 격파한 곳이라 하여 파군봉破軍峰이라고도 불리고 있으며, 항파두리성은 2.5km쯤 떨어진 남쪽에 위치해 있다. 해송이 주종을 이루면서 아카시아나무 등의 잡목으로 숲을 이루고 있고, 남동쪽에는 월령사月令寺라는 작은 절이 있다.

봄이 되면 바굼지오름 건너 산방산 앞 들판에는 성급한 유채꽃들이 겨울의 포로에서 빨리 풀려나려는 듯 샛노랗게 군락을 이루고 있다. 옛날부터 제주는 5년 이상의 유배형 또는 종신형을 보내는 땅으로 알려져 있는 곳이다. 그 옛날 조정에서 가장 멀리 떨어진 섬이기에 이곳으로 유배 온다는 것은 곧 죽음과 같은 큰 형벌이었다. 특히 바굼지오름이 있는 대정고을은 유배의 제 1번지이다. 대정은 예로부터 바람이 세고 척박한 땅으로 유명했다. 고대로부터 제주도와 한반도를 잇는 해로의 요충지이자 관문역할을 해온 곳으로 고려와 조선조에 걸쳐 제주도로 유배되는 유형인의 길목인 화북포가 인접해 있기 때문이었다. 이곳에 온 사람들은 대부분 종신형을 선고 받은 유배자들이었고. 광해군, 김정희를 비롯한 200여명이 거쳐갔으며 한번 들어가면 거의 살아나올 수 없었던 유배지였다.

대정에는 이곳에서 9년 동안 유배됐던 추사 김정희의 흔적과 정신이 고스란히 녹아있다. 실제 대정읍 보성리에는 '추사유배지'가 자리하고 있다. 추사적거비 옆에는 노송 두 그루가 모진 풍운에 시달리면서도 가지가 잘려진 채 푸르름을 간직하며 절개를 지키듯 묵묵히 서있다. 추사

가 제주와 인연을 맺은 것은 1840년 윤상도의 옥사에 관련되었다 하여 사형을 면치 못하게 되었을 때, 우의정 조인영으로 인해 겨우 목숨만을 부지하여 금부 하졸에 끌려 먼 유배의 길에 오르게 되면서부터이다. 처음 제주 땅 화북에 발을 들여놓은 추사는 남제주군 대정으로 가서 교리 송계순의 집에 적소를 정하였다가 나중에는 강도순의 집으로 옮겨 살았다. 추사가 살았던 집은 1948년 4·3항쟁 때 불에 타 없어졌으나 1984년 강도순의 증손의 고증에 따라 현재의 모습으로 다시 지어졌다.

많은 세월이 흘렀음에도 불구하고 추사가 묵었던 방에서는 어디에선가 그의 체취와 묵향이 묻어 나오는 듯했다. 마당 끝에 쌓아놓은 돌담은 유배지라는 느낌을 들지 않게 했다. 안거리에는 당시 추사가 사용했던 뒤주와 옷장 등의 민구가 잘 정돈되어 있었다. 그리고 밖거리에는 "이곳에 9년 적거하는 동안 글을 배우러 오는 유생과 아울러 주민들을 가르치고 식객을 위하여 증축한 변형초가"라 쓰여져 있었다. 그를 보여주듯 부엌에는 시커먼 솥 여러 개가 가지런히 놓여 있었다. 밖거리에 있는 방에는 그 당시 지방 유생들과 같이 공부하던 모습을 그대로 재현해 놓았다. 적거 생활을 하는 틈틈이 추사는 주변의 산과 초목을 감상하며 외로운 심정을 위로 받았고 그 심정을 글과 그림으로 남겼다.

추사가 초의스님과 나눈 깊은 우정은 우리를 감동케 한다. 초의스님과 추사는 강진에 있는 다산서원에서 처음 만난이래, 정약용의 실학사상의 영향 아래에서 40여 년 동안 호연지기를 나눈 사이이다. 다성茶聖이라 불리우는 초의스님은 제주도 유배지까지 추사를 찾아갈 정도로 두 사람 사이의 우의는 깊었다. 그 당시 제주도로 출항하는 배는 해남 이진

포에서 출발해서 다시 살아 나오기 어려운 여행길이었지만 초의스님은 목숨을 내걸고 추사를 찾아갈 정도로 깊은 우정을 나누었던 것이다. 유배 간 친구를 위해 죽음길을 마다 않고 찾아갈 우정을 지닌 벗이 우리들 곁에 과연 몇이나 있을까? 제주 화북포로 몇 날의 거친 풍랑 속에서 목숨을 걸고 찾아온 벗 초의를 추사는 맨발로 달려 나가 맞았을 것이다. 초의가 개나리 봇짐에서 창호지에 두겹 세겹 정성스럽게 싸온 차를 마시며, 부인의 외로운 죽음을 알렸을 때 추사의 심정은 어떠했을까? 추사가 살던 초가 밖에서는 붉은 동백꽃이 피를 토하듯 뚝뚝 떨어지고 있었다. 그리고 초의선사가 그려준 화북진도(풍랑을 헤쳐 제주 화북포로 떠나는 추사의 안위를 걱정하며 초의선사가 그린 그림)에는 철썩대는 파도가 서럽게 울고 있었다.

돌담길 울타리 초가 안에서 파도소리에 잠 못 이루며 사랑하는 아내와 자식들에 대한 그리움과 외로움을 잊으려고 쓰고 또 써 내려간 글씨가 바로 제주도에서 추사가 완성한 추사체秋史體이다. 당대 최고의 글씨였으며 오늘날까지 따를 자가 없다는 내려 갈긴 글에 담긴 힘과 혼에는 바로 그의 가슴속에서 뿜어져 나온 한이 담겨있는 것이 아닐까. 축첩제도가 성행했던 이조시대 사대부로는 드물게 부인을 애도한 추사의 '망부가亡婦歌' 에는 그가 생전에 얼마나 부인을 사랑했는지 알 수 있는 내용이 담겨있다. 1840년 제주 대정리에서 아내의 죽음 소식을 듣고 임종도 못 본 애통한 심정을 추사는 이렇게 노래하고 있다.

> 저승에 가서 월하노인과 송사를 해서라도,
> 다음 세상에서는 부부의 지위를 바꾸리라.
> 나는 죽고 그대는 천리 밖에 살아 있어,
> 그대로 하여금 이 애통함을 절감케 하리.
>
> — 김정희의 '도망悼亡'에서

다음 세상에서는 서로 부부의 지위를 바꿔 태어나서, 천리 밖 제주에 위리안치 되어 있는 그대가 나의 임종도 지키지 못하는 안타깝고 애통한 마음으로 바꾸어 경험해 보게 하고 싶다고 추사는 노래한다. 조선 말기를 대표하는 대 선비유학자의 입에서 어떻게 이런 애절한 사랑의 노래가 나올 수 있을까. 진정한 선비정신이란 의와 예를 바탕으로 한 것일진대, 이것은 바로 아내를 지극히 섬기고 사랑하는 마음과 맞닿아 있는 것은 아닌가.

추사의 아내 사랑하는 마음은 제자를 사랑하는 마음으로 이어지고 있다. 그가 제주에서 남긴 또 다른 최고의 작품은 현재 국보 180호로 지정되어있는 '세한도歲寒圖'이다. '세한도'는 아무도 도와줄 이 없는 섬에서 고통의 유배생활을 하는 동안 삭탈관직당한 스승을 유배지까지 찾아 온 역관인 제자 이상적李尙迪을 위한 것이었다. 공자는『논어』「자한편」에서, "한겨울 추운 날씨가 된 다음에야 소나무, 잣나무가 시들지 않음을 알 수 있다"고 설파한다. 또한 사마천은 『사기』에서, "권세와 이득을 바라고 합친 자들은 그것이 다해지면 교제 또한 성글어진다"고 염량세태를 통탄하였다. 공자와 사마천의 얼핏 모순되는 듯한 위 두 인용문은 추사의 문장 속에서 예리한 대조를 이루면서도 하나로 녹아들어 그야말로 촌철살인 격으로 보는 이의 비감을 자아낸다. 비가 오나 눈이 오나 변함없이 늘 푸른 송백, '세한도'는 곧은 선비의 절개를 상징하는 그림이었다. 세한도에서 추사는 제자에게 송백 같은 선비가 되라는 가르침을 준 것이다. '세한도'에는 또한 영락한 옛 스승을 생각해주는 제자의 따뜻하고 고마운 마음이 있다. 그 고마움이 추사의 마음에 얼마나 깊이 사무쳤던지

나무를 그린 필선筆線은 더욱 힘차고 곳곳에 뭉친 초묵焦墨이 짙고 강렬한 빛깔로 멍울져 있다.

대정고을에서 가까운 사계마을 밭고랑 여기저기에는 수선화가 흐드러지게 피어있다. 특히 김정희는 수선화를 좋아해 수선화를 자신의 처지에 비유하는 시를 남겼다.

한 점의 거울 마음 송이송이 둥글어라
그윽하고 담담하고 냉철하고 빼어났네.
매화가 기품이 높다지만 뜨락을 못 면했는데.
맑은 물에서 참으로 해탈한 신선을 보네.

— 김정희의 '수선화'에서

그리스신화에 나오는 나르시스는 물에 비친 자신의 모습에 반해 그대로 물가에서 꽃이 되었고, 그 꽃이 바로 수선화라고 한다. 추사의 한 많은 사연을 아는지 모르는지 수선화와 유채꽃은 봄바람 속에서 그 아름다움을 뽐내고 있다. 수선화 꽃향기와 유채꽃 저 아름다운 빛깔을 버려두고 나그네는 어찌 쉽게 발걸음을 돌릴 수 있겠는가. 화북포를 통해 들러와 한 많은 귀양생활을 시작한지 200년 세월이 흐른 오늘, 추사 김정희를 그리는 듯 대정벌에 애처롭게 핀 수선화는 서러운 미소로 나를 반기고 있고, 바굼지오름은 졸리는 듯 무심히 누워있는데.

● 근처의 가볼만한 곳 ●

바굼지오름

표고 158m이고 비고는 113m의 원추형이다. 바굼지는 제주도 방언으로 바구니라는 뜻이며 오래전 이 일대가 바닷물에 잠겼을 때 바구니만큼만 보였다는 전설이 전해진다. 그런 연유로 바굼지오름이라고 부르게 되었다는 설과 제주도 방언으로 박쥐를 바구미라고 부르는데 오름의 형상이 박쥐를 닮았다고 하여 바굼지오름이라고 부르게 되었다고도 한다. 오름의 기슭에는 대정향교가 있다.

제주조각공원

서귀포시 안덕면 덕수리에 있는 조각공원이다. 산방산 뒤 야산 완만한 분지에 조성한 공원으로 면적 415,675m^2의 넓은 부지에 자연과 예술과 인간과의 만남을 주제로 하여 국내외 조각품과 미술작품을 전시한다. 사랑의 숲, 곶자왓길 등 산책로가 여러 갈래 나 있으며 언덕 위에는 전망대가 있다. 전망대에서는 남쪽으로 산방산과 형제섬이 한눈에 들어온다.

카멜리아힐

카멜리아힐은 서귀포시 안덕면 상창리에 위치해 있다. 이곳에서는 자포니카숲길, 유럽동백숲, 마음의 정원 등 특색있게 구성된 수목원에서 500여종의 동백을 만날 수 있다. 뿐만 아니라 제주 태고 자연을 느낄 수 있는 야생꽃길과 생태연못에서 한라산의 구상나무, 참꽃, 설앵초와 초롱꽃, 둥글레 등 제주 자생식물을 감상할 수 있다.

두모악 가는 길

김영갑갤러리

"내 죽거든, 유해의 반은 용눈이오름에 뿌려주고, 반은 마라도 남서쪽 전설의 섬 이어도에 뿌려 달라"고 김영갑은 말했다.

김영갑을 잊지 못하여 그를 찾기 위해 제주의 들판 길을 걸었다. 그를 찾기는 쉽지 않았다. 그가 그렇게 사랑했다던 용눈이오름에 도착한 것은 해질 무렵이었다. 아무도 없는 바람 부는 오름을 오르는 길, 입구에는 정방형의 산담들이 여기저기 서 있다. 산담은 오름에 머물며 그 영혼을 안식 받는다. 제주사람들은 오름에서 태어나서 오름에 묻힌다고 믿는다. 어머니 젖가슴처럼 아득하게 사람들을 품어주는 오름, 그래서 온갖 서러움으로 목놓아 통곡을 하여도 언제나 제주 사람을 품어주는 오름에는 키 낮은 미나리아재비며 들풀이 자라고 있었다. 그들은 바람에 하늘대며 사람들 저마다의 가슴에 간직하고 있는 크고 작은 수많은 사연을 달래 주고 있는 듯 했다.

김영갑이 '제주에서 가장 선이 아름다운 오름'이라 칭한 용눈이오름의 꼭대기에 섰다. 건너편에는 다랑쉬오름이 자태를 뽐내듯 서있고, 좌보미오름은 지친 듯 거미처럼 엎드려 있고, 멀리 동거문오름이 저녁 햇살을 받아 보는 이의 눈을 아리게 했다. 멀리서 불어오는 저녁바람에 실려 오는 그의 거친 숨소리를 듣는다. 성산 바닷가에서 혹은 표선 바닷가에서 뭍으로 뭍으로 소식을 전하고자 하던 파도소리를 듣는다. 오름과 바다는 영혼의 안식처였다. 땅거미가 지고 저 멀리 소떼들은 집을 찾아 언덕을 내려가고 있지만 바람은 집으로 돌아갈 생각을 않는다. 아니 바람은 갈 곳이 없다. 한 걸음 한걸음 걸을 때마다 뚜렷한 오름의 선들은 단순함과 소박함으로 다가왔다 멀어진다. 이것이 바로 김영갑이 수없이 용눈이오름을 오르며 찾고자 했던 명제가 아니었을까. 갑자기 오름에서는 몇 명의 김영갑이 나타났다 사라진다.

"이제 마흔여덟밖에 안됐어" 자기보다 훨씬 젊은 나이에 나래도 못 펴고 세상을 등진 사람이 얼마나 많으냐고. 거기에 비하면 하고 싶은 거 다 하고 살았던 자기는 행복한 사람 아니냐고. "몸은 부자유스러워도 정신은 한없이 자유로워. 아마 아프지 않았다면 나는 여전히 오름 하나 제대로 이해하지 못했을 거야" 김영갑은 그렇게 담담히 말했다.

그는 고등학교를 졸업한 후 형이 사준 카메라 한 대와 깊은 사랑에 빠졌다. 전국 각지를 헤매며 사진을 찍던 김영갑은 1982년 처음 제주도에 발을 디뎠다가 제주섬의 자연과 평화로움에 첫눈에 반해 버렸다. 서울로 돌아갔지만 제주에 대한 그리움은 더해갔고 날이 갈수록 그 깊이는 더해 갔다. 결국 3년 만에 짐 싸들고 사랑하는 여인과의 인연도 끊고 부모 형제와의 연락도 끊은 채 제주도에 정착해 꼬박 20년을 살았다. 그는 "섬의 아름다움과 외로움과 평화를 사진에 담겠다"는 일념으로 한라산과 마라도, 바닷가와 중산간, 노인과 해녀, 오름과 바다, 들판과 구름, 억새 등을 앵글에 담았다. 가난했지만 예술인으로서 그는 행복했다. 사진으로 돈과 명성을 얻겠다는 생각도 없었다. 그러다 루게릭병을 얻었다. 병마는 그를 지치고 힘겹게 했지만 희망과 의지마저 앗아가지는 못했다.

자신의 몸이 굳어가는 것을 지켜봐야 하는 세상에서 가장 잔인한 병인 루게릭병에 걸려 두 팔이 마비되어 카메라조차 들지 못하는 병마와의 싸움 속에서도 그는 아름다움의 진실을 쫓는 작가의 길을 한시도 포기한 적이 없었다. '내가 본 이어도, 1 용눈이 오름'이라는 제목의 전시회를 본 관람객들은 그에게 남겨진 시간이 길지 않다는 점에서 처연한 감상에 빠져들었다. 그가 찍은 제주의 빛과 바람과 오름의 모습 뒤에서 그의 마지막 거친 생명의 호흡을 느꼈다.

예술에 대한 정열과 마찬가지로 인간에 대한 그의 열정도 불길 속으로 뛰어드는 부나비와 같은 것이었다. 그가 마지막으로 나눈 사랑은 뜻밖에도 제주에서 만난 벽안의 미국 여인과의 것이었다. 김영갑은 루게릭병이 자신의 몸을 위축시키고 있다는 것을 모르고 있었다. 이것도 모른 채 두 사람은 사랑에 빠져들었다. 그러나 어차피 그 사랑은 이루어질 수 없는 것이었다. 그의 건강이 급격히 악화된 것도 이 이루어질 수 없는 사랑 때문은 아니었을까. 예술과 인간에 대한 이 처절함과 간곡함을 어이 말과 글로 표현할 수 있을 것인가.

"설명할 수 있으면 글로 표현했을 것이다. 설명할 수 없기에 사진으로 표현하는 것이다"고 그는 말했다. 그는 누구도 이야기 한 적이 없는 아름다움을 두 눈으로 확인하고 누구도 상상하지 못했던 신비로움을 온몸으로 느껴보기를 원했다. 그래서 보통 사람들이 느낄 수 없는 무엇인가를 표현하려고 해지는 들판에서 파도가 넘실대는 바닷가에서 처절한 외로움과 고독 속에서 한 장의 사진을 찍기 위해 기다리고 또 기다렸다.

그에게 있어 제주도와 제주의 사진은 삶에 지치고 찌들은 인간을 위무하는 영혼의 쉼터였다. 제주는 그저 바라만 보아도 마음의 평화를 얻을 수 있는 흔들리지 않는 평상심을 유지할 수 있는 영원한 안식처였다. 그는 제주의 가공된 이미지를 만드는 것이 아니라 있는 그대로의 그것을 붙잡으려 애썼다. 사진을 찍는 것이 아니라 이미지를 발견하고 그것이 그의 곁에 오래도록 머물게 하기 위해 존재했다. 그래서 그는 기다렸다. 바다가 돌아오기를 기다렸고 바람이 돌아오기를 기다렸다.

바다는 언제나 살아있었다. 그 바다에는 천년 세월을 이어온 제주 특유의 끈질긴 생명력이 깃들어 있었다. 그 바닷가에 망연히 서서 밀려가고 밀려오는 파도를 바라보며 오지 않을 사람과 가버린 세월을 기다렸다. 어머니 품속 같은 제주오름에 올라, 바람에 흩날리는 들풀이나 야생화를 보며 무한한 생명의 힘을 느꼈다. 기다림과 생명의 미학은 바로 김영갑 예술의 모티브였다. 그는 제주오름 한가운데 덩그러니 놓여있는 무덤에서 죽음이나 절망이 아니라 삶에 대한 의욕과 희망을 건져내었다. 그는 어둠 속에서 빛을 찾고자 했고, 삶의 질곡 속에서 자유를 갈구했다.

> 눈으로 보아도 보이지 않고, 귀로 들어도 들리지 않고, 잡으려 해도 잡을 수 없는 것. 형상도 없는데 사람을 황홀하게 하는 그 무엇이 중산간 광활한 초원에 존재한다. 이 세상에 존재하는 최고의 것은, 사람을 황홀하게 하는 그 무엇이다. 그것을 깨닫기 위해 나는 중산간을 떠나지 못한다. 안개가 일순간에 섬을 뒤덮는다. 하늘도, 바다도, 오름도, 초원도 없어진다. 대지의 호흡을 느낀다. 풀꽃 향기에 가슴이 뛴다. 살아 있다는 기쁨에

감사한다. 불확실한 미래에 대한 걱정도, 끼니 걱정도 사라진다.

— 김영갑의 『그 섬에 내가 있었네』에서

제주도의 검은 현무암 속에는 불과 물과 바람이 들어있다. 열기를 참지 못하고 굳어버린 돌인 제주의 현무암은 김영갑을 닮았다. 그런 돌과 바람과 바다와 오름을 제 몸같이 사랑한 사내는 현무암처럼 열기를 품으며 살았다. 제 몸을 불태워다 구멍이 숭숭 뚫린 현무암과 같이 김영갑은 바다와 바람을 향해 온몸을 불태우지만 오히려 바닷물은 그의 상처를 온전히 낫게 해주고 바람은 이마에 흐른 땀을 씻어 주었다.

비가 오면 운동장이 연못으로 변하고 진흙땅에 물이 빠지지 않아 며칠씩 물이 고여 있던 성읍의 시골 마을 폐교에서 김영갑은 돌을 쌓고 꽃을 심고 사진을 걸어둠으로써 두모악 마당을 자신의 낙원으로 만들고자 했다. 자신이 죽고 난 후 삶의 전부였던 사진들이 함부로 나뒹구는 것을 원치 않았던 그는 필름과 사진을 잘 간직할 수 있다는 생각 하나만으로 잠을 이루지 못했다. 점점 야위어 가고 마비되어 가는 육신을 이끌고 혼자서 폐교 운동장을 자신의 생명과 맞바꾼 사진들을 위한 갤러리를 만들었다. 그러나 이곳은 그를 지상에서 영원으로 데리고 가는 원죄의 마당이 되고 말았다. 그렇게 그는 현무암과 같이 새카맣게 타들어 갔다.

해가 지나 봄이 오면 나는 다시 김영갑을 찾기 위해 제주 들판 길을 걸을 것이다. 고사리는 웃자라고 들판의 보리는 익어갈 것이다. 그는 "들판으로부터 받기만 할 뿐, 나는 단 한 번도 되돌려주지 않았습니다. 들판은 그런 나를 나무라지 않습니다"고 말했다. 그는 오늘도 제주의 들판 어딘가로 출타하고 없었다. 그는 봄 햇살 반짝이는 용눈이오름으로 갔다고 한다. 그는 마라도를 지나 꿈꾸는 섬 이어도로 갔다고 한다. 영원히 돌아오지 않을 것임을 알지만 그를 오랫동안 기다린 이유는, 그가 금세 두모악 마당에 나타나서 자신의 삶과 같이 슬픈 동백 꽃잎과 대화를 나눌 것 같았기 때문이다.

그는 손가락도 움직이지 못하는 마지막 상황에서도 '꽃이 보고 싶다'고 절규했다. 김영갑! 당신은 이 지상의 저 서러운 꽃들을 다 남겨두고 어디로 떠났는가? 이 제주의 오름과 바다와 바람을 다 남겨두고 당신은 어이 혼자 떠날 수 있었는가? 그는 가고, 그의 방에는 아무도 없었다. 두모악 갤러리 마당에서 김영갑을 그리워하는 밤은 깊어만 갔다.

근처의 가볼만한 곳

혼인지

혼인지는 서귀포시 성산읍 온평리에 위치하고 있으며, 제주도 기념물 제 17호로 지정되어있다. 성산읍 온평리의 마을 서쪽 지경의 숲에는 자연적으로 생성된 500평 정도의 큰 연못이 하나 있다. 그리고 그 남쪽편에는 현무암의 비가 하나 세워져 있다. 이곳이 혼인지로, 전설에 의하면 삼성신화에 등장하는 삼신인과 삼공주가 혼인하였다고 전해지는 곳이다.

제주민속촌박물관

구불구불 올레를 지나 제주의 초가지붕 너머로 들어가다 보면 아득한 옛 제주를 찾아 떠나는 여행이 시작된다. 제주민속촌박물관에 들어서는 순간 타임머신을 타고 수백년 전의 옛 제주로 떠나게 되는 것이다. 제주 전통 초가와 전통 생활의 모습이 그대로 재연 전시되어 있어 그 당시의 사람이 된 느낌이다. 서귀포시 표선면 표선리에 위치해 있다.

표선해수욕장

제주민속촌박물관에서 100m 떨어진 거리에 있다. 둥그런 호수 같은 모양으로 썰물 때면 백사장이 원형으로 드러나 아름다운 곳이다. 모래가 곱고 부드러워 모래찜질을 하면 신경통에 좋다고 알려져 있다. 주변 곳곳이 소나무숲으로 울창하고 잔디가 깔려 있어 야영하기에도 적합하다.

한의 흔적은 그대로 남아

쇠소깍

서귀포에서 성산 쪽으로 1132번 도로를 따라가다 신효마을과 하효마을을 지나면, 효례교에 이르게 된다. 효례교는 하효마을과 남원읍 하례리의 경계에 해당하는 다리다. 효돈천은 비가 내리지 않으면 강 바닥을 드러내는 건천이다. 효례교 서쪽에서 효돈천을 끼고 남쪽으로 바다를 향하는 도로를 따라 내려가면, 하류 지점에서 푸른 상록수림을 낀 바위 계곡에 이른다. 이곳에 지하수가 솟아나서 깊은 연못을 이루고 있는데, 이 연못이 바로 '쇠소깍'이다.

'쇠'란 효돈의 옛 지명이며, '소'는 물웅덩이를 이르는 말이고, '깍'은 제주어로 '끝' 혹은 '마지막'을 의미하는 말이다. 말하자면 쇠소깍은 효돈천 물웅덩이가 바다의 끝에 이르게 되기 때문에 붙여진 명칭이다. 쇠소깍이 있는 효돈이라는 동네는 제주에서도 제일 따뜻한 곳이고, 제주 다른 지역에 눈이 많이 올 때도 이곳에서는 눈은 거의 찾아볼 수 없고, 풍성한 상록수로 푸르름을 자랑한다. 그래서인지 제주의 귤 중에서도 가장 맛있는 귤이 생산되는 동네이다. 제주의 여러 귤 밭에서 생산된 귤을 사먹으며 달다고 감동하지만 효돈의 귤을 먹어보면 이것이야말로 진짜 제주의 귤 맛임을 알 수 있다.

쇠소깍에는 용이 살고 있었다는 전설이 전해지므로, 옛날에는 이곳을 '용소龍沼'라고 불렀다. 과거에 주민들은 여름에 가뭄이 들면 용의 노여움을 풀기 위해 이곳에 모여 기우제를 올렸는데, 기우제를 올리면 반드시 효험이 있었다고 한다. 용의 전설 말고도 이 연못과 관련하여 전해지는 애절한 사랑의 이야기가 있다.

지금으로부터 350여 년 전 하효마을 사람들이 정착하여 농경사회를 이루고 살았던 시절, 주인집의 귀여운 외동딸과 그 집 머슴의 동갑내

기 아들이 한 울타리에서 철부지 어린 시절부터 흙장난을 하고 신랑각시 하며 놀다가 이들의 관계는 사랑하는 사이로 발전하였다. 하지만 신분 사회에서 반상을 뛰어넘는 사랑이란 비극을 잉태할 수밖에 없었다. 어느 날 주인집 외동딸이 먼 동네로 시집가게 되었다는 소식이 들렸다. 이들은 양가 부모님께 둘이 장래를 약속한 사이임을 말씀드렸으나 이를 허락치 않고 주인내외는 머슴 가족을 멀리 내쫓고 말았다. 너무도 억울한 머슴 사내아이는 자살소에 몸을 던져 죽고 말았다. 물에 빠지면 사람의 힘으로는 건져낼 수 없는 깊은 소여서 주인집 딸은 부모 몰래 매일 밤 자시子時에 이곳 기도 바위 위에 와서 하느님께 비를 내려 주십사고 100일 동안

빌고 또 간절히 빌었다. 백일이 되는 어느 날 밤에 갑자기 사방이 깜깜해지더니 큰 비가 내렸다. 자살소의 냇물이 넘치자 사랑하는 총각이 냇물에 떠올라 모래 위로 올라왔다. 처녀는 죽은 총각의 시체를 부둥켜안고 슬피 울고 나서 기도단 위에 올라서서 쇠소깍으로 몸을 던져 죽고 말았다. 이 처녀의 순수 무애한 사랑과 높은 정절을 깊이 기리기 위해 하효마을 동쪽 동산인 용지동산에 '할망당'을 마련해 영혼을 모시고 하효마을의 무사안녕과 번영을 기원했다.

'할망당' 혹은 '여드레당'이라고 불리는 이 당은 최근 마을 안길을 정비할 때 철거됐다. 마을사람들은 어려운 일이 있을 때마다 할망당에서 소원을 빌면 이루어진다고 믿어왔다. 이 쇠소깍에서 기우제를 지낼 때도 제관은 전날 밤 할망당에 와서 용인부인석을 모셔다가 제단을 쌓고 제를 지냈다. 쇠소깍의 매력은 검은 현무암이 깎여 만들어진 검은 모래 해변과 푸른 상록수림이 계곡에 비쳐 빚어내는 짙은 초록빛에서 비롯된다. 여기에 푸른 하늘빛이 연못에 걸쳐지게 되고, 바다바람과 계곡의 산들바람이 함께 어우러지면 이 일대는 자연이 주는 평화로움과 아늑함에 젖게 된다.

쇠소깍은 해수와 담수가 만나는 연못이다. 이곳 주민들의 이야기에 따르면 어린 시절 바다에서 수영하다가 쇠소깍 연못 안으로 들어오면 어느 순간 수온이 급격하게 내려가는 것을 느낄수 있다고 한다. 쇠소깍을 지탱하는 웅덩이 양쪽의 바위들 구석구석에서 담수가 솟아나기 때문이다. 바위벽은 식물의 뿌리와 상호작용하면서 안정된 수조 역할을 감당하는 것이다. 이 연못의 양쪽 바위 안에는 크게 구멍이 파헤쳐진 흔적이 발견되는데, 이를 '타포니tafoni'라고 한다. 타포니란 화학적 풍화작용에 의해 암벽에 벌집처럼 집단적으로 구멍이 파인 것을 가리킨다. 타포니는 산지 내륙에서는 서릿발의 작용에 의해 주로 나타나는 반면, 해안가에는 소금의 풍화작용에 의해 주로 나타난다.

쇠소깍에서 또 하나 빠뜨릴 수 없는 체험의 하나는 제주의 전통 뗏목인 '테우'을 직접 타보는 것과 테우 아저씨의 제주도 사투리로 끊임없이 이어지는 구수한 입담이다. '테우 아저씨'가 테우 양 지점을 밧줄로 이어서 손으로 직접 끌어 당겨서 운행한다. "내가 이 동네에서 힘이 제일 세니까 마을에서 테우를 운행하게 되수다"고 아저씨는 너스레를 떤다. 그는 국내의 유명한 방송 프로그램에 거의 나왔고 러시아 방송과 영국 BBC까지 방영되고 최근에 제주에서 찍은 영화에도 나왔다고 한다. 테우를 타고 계곡을 따라 물위를 왕복하는 동안 계곡을 둘러싼 푸른 숲과 더불어 소금물에 의해 힘없이 무너진 바위 표면을 세세하게 살펴보는 것은 어디에서도 경험할 수 없는 새로운 체험이다.

쇠소깍이 관광지로 부상한 것은 최근의 일이다. 올레길의 개발로 많은 관광객들이 제주의 여기저기를 헤집고 다니면서 쇠소깍도 사람들에게 모습을 드러내게 되었다. 외부에 노출된 시간이 짧았던 만큼 아직은 원시절경이 거의 훼손 없이 보존되어 있다. 그러나 저 신비로운 원시적인 모습이 하루가 멀게 훼손되어가는 것이 가슴 아프다. 심지어 이곳에서 '쇠소깍 축제'까지 열린다고 하니 쇠소깍을 둘러싼 생태적 논의는 제쳐두더라도 소중한 관광지로서의 쇠소깍을 얼마나 보존할 수 있을지 걱정이다.

● 근처의 가볼만한 곳 ●

제지기오름

제지기 오름은 서귀포시 보목동에 위치하고 비고 85m의 원추형의 오름이다. 제지기오름은 바닷가에 위치한 몇 안 되는 오름 중 하나이다. 섶섬과 탁 트인 바다를 관찰하기에 좋은 곳이며 한라산도 한눈에 보인다. 예전에 절지기가 살아 절지기오름이라고 하다가 제지기오름으로 불리게 되었다.

보목포구

해안 절경이 그 자체로 한 폭의 아름다운 풍경이 되는 서귀포시 보목동에 있다. 섬 속의 섬인 섶섬을 마주한 채로 해안 풍광이 뛰어난 곳이지만, 보목리의 자리돔이라는 고기 때문에 더욱 유명한 곳이다. 자리돔은 제주 전역에서 잡히는 고기지만 보목포구에서 잡히는 자리돔은 최고로 알아준다. 바닷가에 앉아서 먹는 자리물회는 그 맛이 일품이다.

이중섭미술관

이중섭은 서귀포에서 1951년 1월부터 12월까지 머물렀는데 1평 남짓한 방에 네 식구가 함께 살면서 '서귀포의 환상', '게와 어린이', '섶섬이 보이는 풍경' 등과 같은 작품을 남겼다. 이중섭거리에 들어서면 피난생활 거주했던 집이 원형 그대로 복원되어 있으며, 초가 뒤편으로 생전에 그렸던 그림들이 전시되어 있는 이중섭미술관이 있다.

슬픈 역사를 부여안고

알뜨르 비행장과 섯알오름

제주도의 남서쪽 끝자락 모슬포와 산방산을 경계로 그 아래쪽에 너른 벌판을 알뜨르('아랫뜰'이라는 의미)라 부른다. 제주도에서 가장 넓고 비옥한 경작지다. 한겨울에도 유채밭과 마늘밭이 초록색을 자랑하는 알뜨르를 생경하게 만드는 주범은 드넓은 잔디 활주로와 수많은 격납고, 지하벙커 등 상상도 못할 군사시설 때문이다. 일제 강점기 때 일본군이 건설한 해군항공대의 기지로 제주사람들은 이 기지를 '알뜨르 비행장'으로 부른다.

지금 들판에서는 농부들의 손길이 분주하고 평화스러워 보이기만 한 곳이지만 일제 강점기 때 이곳은 일본 해군 항공대의 기지였다. 대륙 침략 야욕에 불타던 일본은 중일전쟁을 앞둔 1930년 이전부터 비밀리에 이곳 알뜨르에 대륙 침탈을 위한 전초기지로서의 비행장 건설을 계획했다. 지대가 낮아 방어에 유리한 이곳에 서울 여의도공원 세배 크기의 비행장을 완공한 후인 1937년 8월 일본은 중국 남경南京에 대공습을 감행한다. 나가사키의 오무라 해군 항공기지를 출발한 폭격기들이 제주 알뜨르에서 연료를 공급받은 뒤 남경으로 날아가 엄청난 양의 폭탄을 투하했다.

알뜨르에서 남경으로의 공습이 36회, 그 투하 폭탄의 양은 300톤에 달했다고 한다. 중일전쟁 이후에 일본은 오무라 해군 항공기지를 아예 알뜨르로 옮겼고, 시설도 두배로 늘렸다. 이후 항공기지가 상하이로 옮겨가며 알뜨르는 연습 항공기지로 남았다.

그 당시의 흔적은 그대로 알뜨르에 남아있다. 산방산을 배경으로

밭 중간중간에 나지막한 둔덕처럼 생긴 시설물들이 보인다. 모두 20기에 이르는 비행기 집, 격납고들이다. 일명 빨간잠자리로 불린 폭격기 아카톰보를 감추기 위한 것들이었다. 격납고 입구는 모두 해안을 향하고 있다. 당시 사용했던 잔디 활주로도 그대로 남아 지금은 우리 공군에 의해 관리되고 있다. 알뜨르 뿐만이 아니었다. 일본의 제국주의의 야망에 의해 당시 제주 전역은 전쟁의 분위기에 휩쓸렸다. 1945년 1월까지만 해도 제주에 주둔한 일본군은 1,000명을 넘지 않았으나 종전 직전에는 7만 여 명에 달했다. 일본은 갈수록 전황이 불리해지자 미군의 일본 본토 상륙을 최대한 억제하기 위해 제주 곳곳을 거대한 전쟁 기지로 만든 것이다. 이는 제주도의 지정학적 위치에서 비롯됐다. 제주도는 동북아의 중심에 위치하고 일본 남단 규슈와 중국 남부를 연결하는 직선항로 상에 놓여 있다. 따라서 미군이 제주도를 점령해 공·해군 기지를 건설하면

일본의 본토 수성은 희박해진다. 일본의 항복이 조금만 지체되었어도 이곳 고사포가 불을 뿜었을 것이고 아름다운 제주도는 잿더미로 변했을지도 모른다.

일제로부터 해방이 되었어도 제주에 곧장 평화가 찾아온 것은 아니었다. 종전 후에는 미군이 제주에 들어와 일본군 무장해제에 들어갔다. 알뜨르 비행장 옆 섯알오름에 있던 탄약고가 바로 폭파됐고, 그곳엔 커다란 구덩이가 만들어졌다. 이 구덩이는 한국전쟁이 터지면서 제주의 역사에 또 다른 참혹한 한 페이지로 기록된다. 전쟁 발발 직후 4·3항쟁 연루자 등을 대상으로 예비검속을 하고 이들을 처형하라는 지시가 떨어졌다. 당시 모슬포경찰서 관내에 구금돼 있던 예비검속자 357명 중 252명이 그 해 8월20일 섯알오름의 이 구덩이에서 집단 학살됐다. 1956년이 되어서야 학살 현장에서 유족들은 뼈를 수습할 수 있었다. 하지만 유골의 주인은 알 수 없었다. 뼈의 형상을 맞춰 간신히 132구의 시신을 만들어 사례리의 공동묘지 한편에 묻고 '백조일손지묘百祖一孫之墓'라 이름 붙였다. 132기의 무덤을 만들었으나 그 주인이 누구인지, 후손이 누구인지 알 수 없었기 때문이다. 반세기 전 아름다운 제주산야와 해변을 붉게 물들였던 참혹한 양민학살의 역사, 오랜 세월 동안 발설조차 금기시 되었던 한과 눈물의 역사, 지금도 슬픈 제주의 역사는 제주 섬 어딘가에서 숨어 떠돌고 있다.

알뜨르를 굽어보는 송악산의 해안절벽 아래쪽에는 마라도를 오가는 배의 선착장이 있다. 송악산 해안절벽에는 형제봉을 바라보며 입을 크게 벌린 듯한 동굴이 여러 개 늘어서 있다. 드라마 '대장금'의 촬영지로 갑작스레 유명해진 이 동굴들은 천연동굴이 아니라 일본인들이 군사목적으로 만들어낸 인공동굴이다. 일제가 자살 어뢰정인 이른바 카이텐回天을 감추기 위해 파놓은 진지용 동굴들인 것이다. 카이텐은 폭약을 실은 어뢰정에 탑승한 특공대원이 상대방 함선에 충돌하는 자살 공격용 병기였다.

알뜨르의 또다른 오름인 섯알오름 정상에는 아직 견고한 고사포 진지도 두 곳이 그대로 남아있다. 일본의 항복이 조금만 늦어졌더라면 이곳의 고사포들은 미군 폭격기를 향해 불을 뿜어댔을 것이다. 송악산에서 그리 멀지 않은 한경면 청수리 가마오름에는 평화박물관이 생겼다. 2004년 문을 연 이 박물관은 일본군이 주둔했던 가마오름 안의 진지굴 일부를 공개하고 관련 유물과 자료를 전시하고 있다.

이러한 제주현대사의 비극적 파편들은 곧바로 이 땅에 사는 사람들 모두의 고통일 수 있고, 분단시대를 살아가는 우리 모두에게 극명하게 아픈 역사로 고스란히 남아 있다. 제주 섬의 아름다운 풍광에도 불구하고 그 뒤켠에서 아직도 아물지 않은 상처로 잔존하고 있는 이 슬픈 역사를 어찌할 것인가.

● 근처의 가볼만한 곳 ●

평화박물관

평화박물관은 제주시 한경면 청수리에 위치한 가마오름 일본군 땅굴진지 현장에 만들어진 박물관이다. 우리나라 젊은이들의 강제노역으로 만들어진 일본군 땅굴진지는 총길이가 2km이며, 미로

형 구조으로 되어 있다. 또한 1, 2, 3층으로 되어 있어 가마오름 전체가 공격과 방어를 할 수 있도록 만들어졌다.

저지오름

저지오름은 저지리里를 수호하면서 한경면을 대표하는 오름이다. 보는 방향에 따라 모양새를 달리하는게 이 오름의 특징인데, 오름의 모양새가 새의 주둥이와 비슷하다하여 새오름이라고 불리고도 한다. 또한 오름에 닥나무(닥나무 저楮)가 많이 자생하여 '닥물오름'이라 불렸고, 저지악(楮旨岳)이라고 불리우기도 한다. 2007년 아름다운 숲 전국대회에서 대상을 탄 이후로 많은 사람들의 발길을 끈다.

생각하는 정원

한경면 저지리에 위치해 있는 국내 최초의 사설 분재 공원이다. 1942년 분재 예술원으로 개원했으나 2007년 7월 '생각하는 정원'으로 명칭을 바꾸었다. 전시장은 제주를 상징하는 오름의 모습을 본따 공간을 구획하였으며, 총면적 33,00㎡에 수백년 수령의 희귀수목이 전시되어 있다. 희고 붉은 줄기가 비틀어진 채 휘어진 향나무는 대표적인 나무이다.

산도 아닌 것이 오름도 아닌 것이

송악산

송악산은 예전에 소나무가 무성해서 이와 같은 이름이 붙여졌으나 지금은 키가 작은 소나무와 잡초만이 우거진 산 답지 않은 산이다. 산방산 쪽에서 본 송악산은 산도 아니고 오름도 아닌 야트막한 해안 절벽으로 보일 뿐이다. 서귀포시 대정읍 상모리에 자리하고 있는 송악산은 다른 이름으로는 절울이, 저별이악貯別伊岳이라고도 불리운다. 기생화산체로 단성화산單性火山이면서 꼭대기에 특이하게도 이중 분화구가 있어서 지질학적으로 많은 연구의 대상이 된다. 산이수동山水伊洞포구에서 해안을 따라 정상까지 도로가 닦여 있고 분화구 정상부의 능선까지 여러 갈래의 작은 길이 나있다.

한라산처럼 웅장하거나 산방산처럼 경치가 빼어나지도 않은 외견상 볼품없는 산이 많은 사람들로부터 사랑을 받고 있는 것은 이중 분화구를 가진 아주 특별한 산인데다 주변 경관이 빼어나고, 일제 때 일본군이 만들어 놓은 여러 개의 인공동굴과 주변에 남아 있는 20여 개의 비행기 격납고 등 지난날 우리의 아픈 역사를 되새기게 하고 있기 때문이다. 더욱이 최근에는 드라마 〈대장금〉 등 많은 드라마의 촬영지로 알려져 관광객들의 관심을 더욱 끌고 있다.

이곳에는 원래 소나무와 동백나무, 후박나무, 누릅나무 등이 우거져 있었으나 근처 주민들이 가시덤불을 태우려고 불을 질러 버린 뒤 초원과 목장 지대로 변해 버렸다고 한다. 송악산은 다른 오름과 달리 여러 개의 크고 작은 봉우리들이 모여서 만들어졌다. 일설에 의하면 99개의 작은 봉우리가 모여 있는 99봉이라고 불린다. 송악산은 '절울이'라는

속명처럼 파도와 바닷바람이 센 곳이다. 그래서인지 송악산에 오르면 바다에서 불어오는 하늬바람의 매서운 맛을 느낄 수 있다. 송악산은 오름의 남동사면에 화산쇄설성 퇴적층과 용암으로 구성된 해안절벽이 펼쳐져 있는데 그 '절벽에 파도가 부딪쳐 울린다'고 해서 '절울이'란 이름이 붙었다. '절'은 파도의 제주어다. 제주 사람들은 '파도가 친다'는 말을 '절이 운다'고 표현한다. 바다 물결이 산허리 절벽에 부딪혀 우뢰와 같이 울린다는 데서 유래된 것으로 알려지고 있다. 그래서 송악산은 '절울이오름'라고도 불리었다.

가장 높은 봉우리인 주봉의 높이가 해발 104m에 불과한 아주 작은 산이지만 여러 개의 봉우리를 가지고 있고 두 개의 분화구를 가진 것이 특징이다. 깊이가 깊은 제1분화구는 80m로 바다 수면보다 더 낮은 해저 분화구인 점이 특이하다. 또한 분화구 안에 새로 터져 나온 작은 산과 중앙의 화구구를 환상으로 에워 싼 외륜산外輪山, 외륜산과 화구구 사이의 평지, 즉 화구원 등을 아울러 갖춘 아주 특별한 산이다.

모슬포 평야가 바다 쪽으로 뻗어나간 '알뜨르' 동쪽 끝에 마치 혹처럼 툭 튀어 나온 곳에 자리한 송악산은 그 자체가 바다에 뾰족하게 내민 땅으로 보인다. 산 입구에서 주차장까지의 진입로는 콘크리트로 잘 포장돼 있어서 소형 승용차들이 자유롭게 드나들 수 있고, 바닷가 벼랑을 따라 산책로도 잘 정비가 되어 있다. 그러나 자동차들이 마음껏 드나들게 함으로써 산책로를 이용하는 사람들을 성가시게 한다. 입구에서 전망대까지 걸어도 십분 이내의 거리일 것을 왜 자동차의 출입을 허용하는지 알 수 없는 노릇이다.

산 정상에 오르는 길은 몇 군데 있으나 동쪽 허리에 표지판이 서 있는 곳으로 올라가는 것이 편하고 전망도 좋다. 제1분화구가 또 한번 터지면서 제2분화구와 주봉이 형성됐는데 분화구의 둘레는 600m로 10여 분이면 한 바퀴를 돌 수 있다. 정상을 올라 남쪽을 보면 멀리 가파도와 마라도가 녹색 바탕에 까만 테를 두른 방석 두 개를 띄워 놓은 듯 바다 위에 앉아 있다. 다시 왼쪽을 보면 낚시꾼들이 즐겨 찾는 형제섬과 우람한 자태를 자랑하는 산방산, 날개를 편 박쥐 모양의 단산이 한눈에 들어온다. 날이 갠 날에는 멀리 한라산까지 볼 수 있는 행운을 얻기도 한다. 분화구 안에는 검붉은 화산토에 부처손바닥 등 잡초와 키 작은 나무들이 자생하고 있다.

정상을 한바퀴 돌고 나면 바닷가 벼랑 위에 설치된 망원경으로 가까이 보이는 최남단의 마라도와 가파도, 우뚝 솟은 산방산, 멀리 보이는 한라산, 그리고 끝없는 태평양, 멀리 서귀포 앞바다의 범섬까지 살피면서 제주의 아름다움에 다시 탄성을 지르게 된다. 송악산 주변에는 많은 섬들이 산재해 있지만 그 중에서도 형제섬 없는 송악산을 상상할 수 없다. 안덕면 사계리 포구에서 남쪽으로 1.5km 떨어진 곳에 형제섬이 있다. 크고 작은 두 섬이 마주 서 있는 모습이 마치 다정한 쌍둥이 형제가 나란히 서 있는 것 같다고 하여 붙여진 이름이다. 큰 섬을 본섬, 작은 섬을 옷섬이라고 부른다. 본섬에는 작은 모래사장이 있으며 옷섬에는 주상절리층이 있다. 바다에 잠겨 있다가 썰물 때면 모습을 드러내는 갯바위들이 있어 보는 방향에 따라 섬의 개수와 모양이 달라져 보인다. 덕분에 일출·일몰 시 사진촬영 장소로 유명하다.

또한 봄철에 북상하는 난류의 영향을 가장 먼저 받기 때문에 5~7월이면 몰려드는 감성돔과 벵에돔을 잡으려는 낚시꾼으로 붐빈다. 또한 각종 돔 종류의 고급 어종들과 전복, 소라 등이 많아 이 지역 어부들과 해녀들의 주 소득원이 되는 훌륭한 어장이기도 하다. 특히 형제섬의 해저에는 똑같은 모양의 섬들이 마치 거울에 비추어 보듯이 형성되어 있고, 수중터널 형태의 아치들이 5개나 연결되어 있어 다이버들의 감탄을 자아낸다고 한다. 형제섬은 제주 무인도 중에서도 가장 경관이 빼어난 곳이며, 낚시꾼들을 위한 대피소가 1개 있으나, 요즘은 해양오염이 너무 심하고 일부 몰지각한 사람들이 수석 채취 등 불법행위를 자행하고 있어서 현재는 출입을 통제하고 있다.

한라산처럼 웅장하거나 여느 오름처럼 그 자체에서 뿜어내는 감동은 적지만 송악산 정상에 올라 바라보는 주변 경관은 어디에 내놔도 뒤지지 않는다. 마라도와 가파도, 형제섬이 눈앞에 떠있고, 쪽빛 태평양이 끝없이 펼쳐져 눈이 시리다. 바다를 씻겨온 알싸한 바람의 감촉은 송악산을 올라서야 느낄 수 있는 매력이다.

● 근처의 가볼만한 곳 ●

모슬포항

서귀포시 대정읍 하모리에 있으며 화순항의 서쪽에 자리한다. 모슬봉(187m)과 가시악(加時岳 106.5m)이 항구를 등지고 있는 천혜의 항구로 이야기된다. 모슬포항 앞바다로부터 마라도 남쪽 바다 사이에는 방어 · 도미 · 옥돔 등의 다양한 어족이 서식하여 예로부터 황금어장으로 소문이 나 있다. 이에 모슬포항은 연근해 어업을 위한 어업 전진기지로 정해지게 되었다.

가파도

이 섬은 대한민국 최남단 마라도와 서귀포시 대정읍 모슬포 사이에 있다. 대정읍 모슬포에서 5.5km 떨어져 있으며 면적은 874,328㎡, 제주도의 부속도서 가운데 우도牛島 다음으로 큰 섬이다. 가파도의 봄은 온통 푸른 물결로 넘실댄다. 봄바람에 파도의 출렁이는 물빛이 싱그럽고 연초록 청보리가 온 섬을 덮고 있다. 그래서 봄바람이 그리운 사람들의 애간장을 태운다.

하모해수욕장

모슬포에서 가장 가까운 거리에 있어 모슬포해수욕장이라고도 하며 예전에 멸치(멜)가 많이 잡히던 곳이라 멜케해수욕장으로도 불린다. 모래가 곱고 수심이 얕으며 해안가 뒤의 넓은 잔디밭에서는 야영도 할 수 있어 가족단위 피서지로 적합하다. 알려지지 않은 곳이라 호젓하게 물놀이를 즐길 수 있고 주위에 모슬포와 마라도 · 가파도 · 송악산 · 수월봉이 있어 주변 경관이 아름다우며 바다낚시도 즐길 수 있다.

제주의 영웅들

항몽유적지

애월읍 고성리에 있는 항파두리 항몽유적지는 일찌기 몽고의 침략을 받아 조국을 지키려고 궐기한 삼별초가 최후까지 항전하다가 순의한 유서 깊은 곳이다. 이곳은 지방기념물 제 29호로 지정 보호되고 있다.

1231년 부터 30여년 동안 몽고는 일곱 차례에 걸쳐 고려를 침범하였고 이로 말미암아 우리 국토는 초토화되고 소중한 문화유산들이 파괴, 소실되는 등 역사상 보기 드문 참화를 겪어야 했다. 고려 원종 11년 2월, 원나라와의 굴욕적인 강화에 삼별초는 개경 정부에 불복해 새로이 '승화후온'을 임금으로 추대하고 대몽 항정을 벌였다. 그리하여 그해 8월 전라도 진도에 용장성을 구축한 삼별초는 여몽군에 항거하여 민족 정기를 떨쳐 나갔다. 원래 삼별초란 야별초에서 비롯되었다. 야별초는 1232년 정권을 잡고 있던 최우가 나라의 도적을 막기 위해 만들었다. 도적들이 여러 지방에서 일어나자, 야별초를 보내어 도적을 잡았다. 그리고 군

인들의 수가 많아지면서 좌별초와 우별초로 나누었다. 또 몽고에 붙잡혔다가 도망 온 사람들로 하나의 부대를 만들었는데 이를 신의군이라고 불렀다. 삼별초는 좌별초, 우별초, 신의군을 합쳐서 불리어지게 된 별동부대의 명칭이었다. 이들은 배중손이 대장이 되어 강화도, 진도, 제주도로 옮겨가며 항쟁을 하였고, 삼별초의 항전은 외적에게 쉽게 굴하지 않는 고려인의 꿋꿋한 기상을 보여 주어 민족 자주 정신의 본보기가 되었다. 아무튼 몽고군은 원종 12년 5월 연합군을 편성하고 총공격을 감행, 진도를 함락시킴으로써 삼별초의 배중손 장군이 전사하게 되고 '승화후 온'도 피살되었다. 그래서 통수권을 이어받은 김통정 장군이 나머지 잔여 삼별초를 이끌고 제주에 들어오게 되었다.

김통정 장군은 제주 항파두리에 6km의 토성을 쌓고 기습 공격을 가하여 여몽군에 많은 피해와 타격을 주는 교란작전을 전개하였다. 원종 14년 4월 고려의 김방경 장군과 몽고의 원수 혼도를 총수로 한 13,000여명의 여몽연합군이 함덕포와 비양도에 상륙하여 총공격을 개시하므로 삼별초는 병력을 동·서로 배치하여 함덕포와 파군봉에서 분전하였다. 파군봉은 조그마한 평지 오름이다. 여몽 연합군의 상륙부대를 맞아 삼별초가 혈전을 벌였던 전적지로서 이곳에서 삼별초가 대파되었다고 하여 파군봉이라 불려진다. 이곳은 산세가 험준하지는 않으나 조망이 매우 좋아 바다로부터 상륙하는 적을 용이하게 감시할 수가 있어 삼별초는 이곳을 전초기지로 이용하였다. 그러나 신예병기로 무장한 10배에 달하는 상륙부대를 감당하지 못하고 항파두리성은 화염에 싸여 함락되고 말았다. 이때 삼별초의 잔여 병사 70여명은 이 성을 탈출하여 붉은오름에서 마지막 혈전을 벌였지만, 이들도 모두 전사하였다. 김통정 장군이 단신으로 탈출하여 한라산 숲속에서 자결 순의하고 말았다.

항파두리에는 아직도 삼별초와 김통정장군의 기개가 살아 있는 듯한 흔적이 남아있다. 삼별초군이 궁술 연습 때 과녁으로 사용했던 '살 맞은 돌'인 '돌쩌귀', 김통정장군이 성에서 뛰어내린 발자국이 패여서 사시사철 샘이 솟는 '장수물' 등이 그것이다. '장수물' 또는 '장수 발자국'은 현무암 암반 중앙에 가로 40cm 세로 60cm 깊이 20cm 정도로 마치 거인의 신발 자국처럼 파여 있는데, 여기서 나오는 물은 사시사철 마르지 않아 약수로 알려져 있다. 예전에 제주도에는 호열자가 만연하였던 적이 있었다. 그때 이 물을 통제하여 이웃 고성리 주민에게만 배급제로 공급하였다. 인근 마을에까지 많은 환자가 발생하였으나 이 마을에는 한 사

람의 환자도 발생하지 않았다고 하는데 그 이후로 이 물을 마신 사람은 장수한다는 전설이 있다.

항파두리성은 토성으로서 동서남북에 각각 문이 있었다. 성의 길이는 6km나 되고 성 상단 높이는 4-5m, 성너비는 3-4m로서 계단현에 단을 두어 외측으로 방어가 되게 하였다. 성의 구조는 하부통에 잡석을 깔고 2층에는 진흙다짐, 3층에는 잡석과 진흙, 그리고 강화다짐과 진흙다짐을 한 후 잔디를 입힘으로써 성위에서 군사들과 군마들이 다녀도 쉽사리 무너지지 않도록 과학적인 공법을 사용하였다. 40여 년 간 끈질기게 항쟁했던 삼별초군을 기리기 위해서 항몽 순의비를 세우고 지난 1977년부터 3년 동안에 걸쳐 6km 토성 중 총 922m를 보수하여 당시 모습을 되찾았다.

몽고가 제주사회에 끼친 영향과 역사적 의미는 한두 가지가 아니다. 몽골에 점령당한 제주도는 이후 목장을 경영하는 방식이나 언어와 생활풍습 등에서 몽골의 영향을 많이 받게 되었다. 예컨대 오늘날까지 제주에 말이 많은 이유는 1275년 원나라가 탐라도에 160필의 말을 방목함으로써 탐라는 원국의 중요한 목마장이 되는 첫 발자국을 떼게 된 때문이다. 1320년대에는 탐라가 원국 변경지역의 14개 대표적 목마장 중 하나로 헤아려지게 되어서, 고려말에는 명明이 매년 1000마리에 이르는 탐라말의 조공을 요구할 정도로 대규모의 말 사육지로 목마산업이 발전하게 되었다. 또한 삼별초군과 이들을 따라 많은 사람들이 제주도에 들어옴으로써 토목과 건축기술, 양잠과 직조기술과 같은 새로운 농경법이 보급되었으며, 한편으로는 중앙의 문물과 제도, 불교문화가 이곳 제주도에 전래되었다. 이렇게 삼별초군이 제주에 진입하고 이곳에서 대몽항쟁을 하게 된 역사적 의미는 제주의 문화가 대륙의 문화와 긴밀하게 연결되는 계기가 되었고, 아울러 제주도에 새로운 외래문화가 이입되는 계기가 되었다는 사실이다. 이로 인해 제주도의 전통적 질서와 사회조직에도 큰 변화가 일어나게 되었다.

인간의 행·불행에 상관없이 역사는 무심히 흘러간다. 삼별초군들의 항몽 항쟁이 이곳에서 언제 있었느냐는 듯이 '장수물'은 예와 다름없이 아직도 솟아나오고 있다. 장수물을 한 모금 마시며 지난날의 제주 역사의 발자취를 되새겨보는 것은 어떨까?

● 근처의 가볼만한 곳 ●

제주민속오일장

제주 오일장은 제주서중학교 맞은편에 위치해 있으며. 공항에서는 약 15분 거리이다. 현재 매월 2일, 7일, 12일, 17일, 22일, 27일 이렇게 '2,7 장'으로 열리고 있다. 오일장은 제주인들의 어렴풋한 옛 추억과 정겨운 모습들을 갖고 있기 때문에 시골 장터에서만 느낄 수 있는 사람냄새를 느낄 수 있고 제주 할머니들의 구수한 사투리도 음미할 수 있는 곳이다.

도두봉

제주시의 동쪽 관문에 사라봉이 있다면 서쪽에는 도두봉이 있다. 도두봉은 제주시 해안도로 서쪽 끝자락에 나지막이 위치하고 있어 누구나 쉽게 오를 수 있다. 제주시내에서 차로 10분이면 닿을 수 있는 이호~용담 해안도로는 야간이면 더욱 화려한 빛을 발하는 밤 명소이다. 도두동에 오르면 제주시내와 북녁바다가 한 눈에 들어 온다.

납읍난대림지대

납읍난대림지대는 북제주군 애월읍 납읍 마을에 인접한 금산공원에 위치하고 있으며, 온난한 기후대에서 자생하는 식물들이 숲을 이루고 있다. 구성하고 있는 식물들로는 후박나무, 생달나무, 식나무 등 다수의 식물이 있다. 숲 안에는 포제단이 있는데 해마다 이곳에서 통제를 지낸다. 납읍난대림지대는 북제주군의 서부에서 평지에 남아있는 유일한 상록수림으로 학술적 가치가 높아 천연기념물로 지정하여 보호하고 있다.

유서 깊은 마을의 역사

성읍민속마을

한라산자락에 비구름이 자욱해도 어김없이 불어오는 건 봄바람이다. 비 왔다가 눈 왔다가, 추웠다가 더웠다가 하건 말건 계절은 어김없이 바뀌어 봄은 다시 찾아온다. 나뭇가지마다 푸른 새순들이 여기저기서 돋아난다. 성읍마을은 새롭게 돋아나는 봄기운과 같이 생동하지만 오랜 전통과 유서 깊은 향기가 그윽한 곳이다.

성읍마을은 서귀포시 표선면 성읍1리에 위치하는 읍성이다. 성읍마을은 1423년(세종5년)에 축조된 약 4m 높이의 성벽으로 둘러싸인 읍성인데, 남·동·서쪽에 문루와 옹성을 갖춘 성문이 설치되었다. 읍성 내부는 세 개의 성문을 잇는 T자형 가로를 바탕으로 조성되었다. 성읍마을은 옛 제주의 모습을 그대로 간직해 온 아름다운 민속마을이다. 올망졸망 모여 있는 초가 사이로 짙은 녹음의 풀내음이 휘감아드는 성읍은 오백년의 긴 세월동안 문명의 이기를 멀리하며 제주섬의 독특한 풍물과 오

래된 마을의 모습을 그대로를 간직해온 향토색 짙은 마을이다. 마을전체가 중요민속자료 제188호로 지정된 성읍민속마을은 제주 특유의 풍물과 마을 모습이 옛 모습 그대로 복원돼 역사의 숨결을 생생히 느낄 수 있다. 조선조 읍성의 뼈대를 잘 간직하고 있으며 300여 채의 초가와 정의현청이 있었던 일관헌, 정의향교, 정의성 등이 복원돼 있고, 중요무형문화재 제95호로 지정된 '제주민요', 제주도무형문화재 제3호와 11호로 지정된 '오메기술'과 '고소리술', 성문을 지키던 돌하르방, 연자매, 물허벅, 갈옷 등 유·무형 자산이 어느 마을보다 풍부한 곳이다.

역사상으로 볼 때 성읍리는 조선초기에서 일제식민지 시기에 이르는 동안 제주목, 정의현, 대정현으로 나뉘었던 행정구역지 중 정의현의 도읍지였고, 지리상 중산간 지역에 위치하고 있어서 문화유산이 고스란히 남아 있는 곳이다. 전통의 냄새는 오랜 세월이 지나서 맡아도 먼 기억 속에서 금방 살아나는 향기다. 성읍을 찾으면 길손을 맨 먼저 반겨주는 것은 정의현감의 정사를 보던 일관헌의 맞은 편에서 천 년의 세월을 지켜온 느티나무와 팽나무이다. 이들은 마을 한복판에서 마을을 품어 덮을 듯한 풍성한 자태로 방문객을 맞아준다. 마을 중심지에 우뚝 서있는 아름드리 나무는 유서 깊은 마을의 역사를 웅변해주고, 남문 성루에 올라 바라보는 300여 채의 민가가 옹기종기 모여 사는 모습을 관람하는 것도 성읍민속마을의 빼놓을 수 없는 광경이다. 전통적인 성읍에서의 삶의 모습을 제대로 느끼고자 한다면 충분한 시간적 여유를 두고 초가의 안으로 들어가 구석구석 살펴보고 구불구불하게 나있는 '올레'를 찬찬히 거닐어 보는 것이다. 성읍민속마을은 제주민가인 초가의 구조와 올레 구조를 생생하게 들여다 볼 수 있는 살아있는 생활박물관이라 해도 지나치지 않다.

성읍마을을 비롯한 제주의 마을에 있는 집들은 부모세대가 사용하는 안거리와 자녀세대가 사용하는 밖거리가 안마당을 사이에 두고 서로 마주하는 방식으로 구성된다. 밖거리는 남향을 취하기보다는 바람을 등지고 안마당과 안거리로 부는 바람을 차단해주는 역할을 한다. 정의현의 행정 중심지였던 성읍마을에는 객주(조선시대 다른 지역에서 온 장사치들에게 거처를 제공하며 물건을 파는 상인) 집이었던 조일훈가옥과, 관원들의 숙소로 사용되었던 고평오가옥, 정의향교에 이웃하여 20세기 초에 여인숙으로 사용했던 이영숙가옥 등 과거의 생활방식을 보여주는 집들이 그대로 잘 보존되어 있다.

성읍의 골목골목 정감 넘치는 올레를 걷다보면 마치 타임머신을 타고 오랜 시간 전으로 거슬러 올라간 듯한 느낌을 준다. 야트막하게 얼기설기 엮어진 처마의 초가, 검은 현무암을 그렁저렁 쌓아올린 바람막이 돌담. 바람이 직접 안채로 불어오는 것을 피하기 위해 고안해낸 곧은 듯 휘어진 올레, 모든 것이 전통적인 성읍의 삶을 잘 엿볼 수 있는 것들이다.

바람이 많은 섬이었던 제주의 섬사람들은 바람의 존재를 인정하면서 그 가운데에서 바람을 극복해내는 독특한 삶의 양식과 주거문화를 보여주고 있다. 제주의 바람은 섬사람에게 자연을 극복해 내는 지혜를 주면서 이것은 동시에 제주에 독특하고 아름다운 풍광을 만들어 내게 된다. 이렇게 성읍민속마을은 제주문화의 원형을 가장 잘 간직하고 있는 곳이다. 돌로 돌담을 쌓고, 초가를 짓고, 성을 쌓고, 돌하르방을 만들었던 제주사람들의 돌을 다루는 장인정신과 돌을 이용하는 삶의 지혜가 녹아 있는 곳이다. 제주의 대표적인 풍물이라 할 수 있는 돌하르방은 성읍에서도 곳곳에서 눈에 뜨인다. 미끈한 곡선의 단아한 품새가 넉넉한 인상으로 다가와 볼수록 정감이 간다. 이제는 섬에서 거의 자취를 감춘 검은 털의 토종돼지와 돼지우리 겸 화장실인 '통시'가 원형 그대로 잘 보존되고 있어 호기심에 찬 길손의 눈길을 끈다. 초가와 올레와 통시, 이 모든 것들이 몇 십 년 전만 해도 제주의 어느 마을에서나 흔히 볼 수 있었던 광경들이었지만 이제는 관광명물이 되어있다. 시대가 변하고 문명의 발달이 제주에도 밀어닥쳐 오랜 세월동안 전승되어오던 제주의 풍물들이 잊혀진 풍경이 되어 버렸다.

그나마 실제 토박이들이 살고 있는 성읍마을은 제주 사람의 전통생활을 고스란히 보여준다. 제주의 풍물은 물론이고 민속놀이와 사투리, 전통 음식 등을 잘 보존해서 그 가치를 한층 더한다. 제주도에서만 사용되는 고유한 명칭들, 이를테면 먼문(바깥대문), 고팡(창고), 남방애(제주 특유의 절구), 물허벅(물을 담는 주둥이가 작은 항아리), 상방(대청마루), 쇠막(외양간), 우영(담 안에 있는 터밭), 정낭(대문의 역할을 하는 둥근 막대기) 등은 이채롭다. 관람객을 끌어들이기 위한 지나친 상업적 호객과 점차 원형을 잃어 가는 모습에 곱지 않은 시선이 있는 것도 사실이지만, 그래도 성읍민속마을은 유서 깊은 옛 마을의 역사와 원형을 찾을 수 있다는 점에서 큰 가치를 지니고 있다. 성읍민속마을은 영국의 고색창연한 도시 에디버러나 페루의 전설의 도시 마추피추에 못지않을 정도의 품격과 역사를 지닌 유서깊은 마을이다.

지난 겨우내 언 얼음이 녹아 흐르고 봄기운이 완연한 성읍민속마을 올레에선 촉촉하게 실눈 뜬 버들강아지가 푸른빛을 잃지 않은 동백나무와 자태를 뽐내는 매화 꽃봉오리들과 함께 활짝 필 봄날을 기다리고 있다.

근처의 가볼만한 곳

성읍리 느티나무 및 팽나무 군락지

마을 입구에 서있는 느티나무 와 팽나무는 줄기가 굵고 수명이 길어서 쉼터역할을 하는 정자나무로 이용되거나 마을을 보호하고 지켜주는 당산나무로 보호를 받아왔다. 나무가 매우 크게 자라며 옛날부터 풍수지리설에 따라 마을의 기운이 약한 곳을 보태주는 비보림이나 바람을 막아주는 방풍림을 만드는데 많이 심어졌다.

비자림

서귀포시 구좌읍에 위치한 비자림은 비자나무만으로 이뤄진 단순림으로서는 세계최대 규모라고 한다. 1993년 천연기념물 374호로 지정되었다. 이곳에는 대략 500~800여년이 된 비자나무들이 줄지어 서있고, 여름 땡볕이 내리부어도 이 숲에만 들어가면 햇볕 한 점 볼 수 없을 정도로 숲이 우거져 있다.

미천굴 일출랜드

서귀포시 성산읍 삼달리에 위치한 일출랜드(미천굴관광지구)는 미천굴을 중심으로 하여 개발된 곳으로서 미천굴은 지하의 신비를 있는 그대로 간직하고 있다. 주변에는 깨끗한 물과 푸른 들판이 있어 도시 속에서는 맛 볼 수 없는 자연미를 느낄 수 있는 휴식공간이다.

바다의 어멍, 제주여인

법환포구와 해녀박물관

날 사랑 한다고 말해줘요

비양도

바람의 왕국

마라도

그 섬에 가거든

우도

섬은 섬으로 이어지고

추자도

전설의 섬

이어도

북녘하늘을 바라보며

연북정

바다의 표류자가 되어

산방산과 용머리해안

놀멍, 쉬멍, 걸으멍

제주올레

3부 | 섬·바다·제주여인

바다의 어멍, 제주여인

법환포구와 해녀박물관

법환포구는 속칭 '막숙'이라고 불리는데, 명나라 군대의 침입에 최영 장군은 법환 포구에 막을 치고서 군사를 독려하며 명의 잔당을 섬멸한데서 유래한 것이다. 법환포구는 제주도의 어느 포구보다 조용한 바다 마을이기도 하지만, 이곳은 특히 제주에서도 해녀가 많은 동네로 소문이 나 있다. 법환리에서는 해녀들의 물질 작업을 '바르칠'이라고 하고 있는데 예전에 16~17세가 되면 물질에 나섰다고 한다. 같이 배운 물질이지만 능력이 모두 다르며 헤엄 잘 치고, 채취 잘하고, 신체 건장한 여자를 '상군'이라고 하고, 그 밑으로 '중군'과 '하군'이 층을 이루고 있다. 지금은 젊은 사람들은 없고 모두 60대 이상의 할머니들이 많다. 바다의 어멍, 제주여인들, 그들은 바로 제주의 어멍들이다.

제주도에는 바람, 돌, 여자가 많다고 해서 흔히 삼다도三多島라고 불린다. 바람이나 돌은 자연환경이니 그렇다고 치더라도 여자가 많다는 것은 무슨 까닭인가? 실제로 제주도에 정말 여자가 많은 것일까? 사실 제주의 여자 수는 다른 지역에 비해 크게 많은 것도 아니며, 이곳에서 특별히 여아가 많이 탄생하는 것도 아니어서 남녀의 비율도 거의 비슷하다고 한다. 그렇다면 왜 제주도에 가면 여자가 많다는 걸일까? 아마도 그 이유는 오늘날과 같이 여권론이니 여성해방과 같은 거창한 말들이 있기 전부터 제주여인들이 남성들 못지않게 가정과 사회에서 적극적이고 강인한 인간상을 보여주었기 때문이 아닌가 한다.

사실 옛날부터 제주의 여인네들은 남성 못지않은 강인함으로 들판에서 바다에서 남자와 동등하게 일을 했다. 제주는 바다와 떼어 생각할 수 없는 곳이지만, 그 바다 속에서 삶을 일군 여인들은 제주의 중심에 설

수밖에 없었다. 제주에 많은 것은 단지 '여자'가 아니라 제주의 바다를 품은 '제주여인의 일생'일 것이다.

'제주여인'하면, 우리가 제일 먼저 연상되는 것은 제주 해녀들이다. 해안가에서 기계 장치 없이 잠업으로 해산물을 캐면서 생업을 영위하는 사람들을 해녀라고 한다. 아직도 제주도 전역에 5,000명이나 되는 해녀가 특이한 나잠수 작업으로 생업을 영위하고 있다. 해녀들은 바다에서의 물질 작업을 '칠성판을 등에다 지고 혼백상자를 머리에 이고' 한다고 표현할 만큼 목숨을 건 위험한 일이었다. 한번 바다 속으로 들어갔다 나오면 손에는 미역·천초 등의 해초와 소라·전복·해삼·문어와 같은 해산물을 잔뜩 들고 나온다. 이 세상에 사람살이의 업종은 숱하지만, 해녀는 가냘픈 여인들이면서도 창망한 바다를 생업으로 깊숙이 무자맥질하면서 해산물을 캐낸다. 해녀들은 짙푸른 바다에 생명을 걸고 물질을 하는 것이다.

해녀들이 입은 검은 잠수복에는 제주여인의 정신이 담겨있다. 겹겹이 쌓인 삶의 한스러운 찌꺼기가 만경창파에도 씻겨지지 않고 잠수복은 바닷가 현무암과 같이 새까맣게 타있다. 소용돌이치며 굽이도는 파도를 헤치고 바다 속으로 물길질 해 들어가 캐고 또 캐어 한 망사리 가득 해산물을 눌러 담고 나와 타박타박 걸어가는 모습은 바로 제주여인의 삶이고 그들의 언어이다.

제주여인의 또 다른 모습은 커다란 물허벅을 진 모습으로 표상된다. 육지에는 당연히 마을 안에 우물이 있었고 길은 평탄했으므로 여인들이 물동이를 머리에 이고 걸어 다니기에 그리 불편함이 없었다. 그러나 제주의 길은 온통 자갈투성이였다. 게다가 방향을 가늠할 수 없는 억센 바다바람이 불어서 제 한 몸 가누며 걷기도 힘든 때가 많았다. 제주에는 마을 안에 우물이 없었다. 바닷가 마을에서는 썰물이 빠져나간 바위틈에서 솟아나는 생수를, 산간마을은 돌투성이의 냇가에 고인 빗물을 길어다 사용했다. 이런 힘든 자연환경에서 어렵게 구한 물을 물허벅에 소중하게 지고 다니지 않을 수 없었던 것이다. 그래서 제주에서는 이웃에 큰 일이 있을 때는 간혹 현금 대신 물허벅으로 몇차례 물을 길어다 주기도 하였는데, 이것을 물부지(부조)라고 하였다. 물 구하기가 얼마나 힘들었으면 이런 풍습이 생겼을까.

조선 성종 때 제주에 경차관으로 왔던 최부(崔溥, 1454-1504)는 탐라시耽羅詩 35절을 남겼는데, 그 중 28절의 시에서는 허벅을 등에 지고 물

길러가는 제주여인의 모습을 그리고 있다. 물동이를 머리에 이지 않고 등에 지고 가는 것이 퍽 신기해 보였던 것이다.

負甁村婦汲泉去(허벅 지고 촌아낙은 물 길러 가버리고)

橫笛堤兒牧馬歸(피리불며 아이 데리고 말테우리는 돌아오네)

그러나 그녀들이 물허벅에 채운 건 물 만이 아니었다. 물허벅에는 제주여성들의 땀과 눈물과 굴곡진 삶도 함께 채워져 있었다. 오늘날 우리들이 제주도에서 흔히 보는 물허벅 여인 조각은 이처럼 낭만적인 제주여인의 모습이 아니라 그네들의 삶의 애환이 고스란히 담겨져 있는 상징물이다. 그럼에도 불구하고 제주여인네들의 애환을 아는지 모르는지 빈 허벅을 등에 지고 갈 때는 재수가 없다고 하여 남정네를 앞질러 가거나 남의 집에 들어가지 못하게 하는 풍속도 있었다.

바다를 떠나서 살 수 없었던 제주여인들, 그들은 바다를 보고 탄식하며 절망하고 바다는 말없이 여인들의 절망을 들어준다.

성산포에서는
사람이 절망을 만들고,
바다가 절망을 삼킨다.

성산포에서는
사람이 슬픔을 노래하고
바다가 그 슬픔을 듣는다.

— 이생진의 '그리운 바다 성산포 4' 에서

섬과 바다, 척박한 섬 제주에서 절망과 한을 품에 안았던 아낙네들은 저마다 가슴 속에 슬픈 사연을 안고 있다. 그리하여 그 사연들은 파도가 되어 넘실거린다. 저 파도는 오래 전에 고기잡이를 떠난 후 소식이 없는 남편에 대한 그리움과, 세상이 뒤집어질 듯이 좌우의 난리 통에 속절없이 먼저 저 세상으로 가버린 사람에 대한 서러운 상념을 담고 넘실대고 있었다. 제주 아낙네들은 절망을 만들고 바다는 그 절망을 삼켰다. 여인들은 오직 무심한 바다와의 대화 속에서 자신의 존재와 잃어버린 사랑을 확인할 뿐이었다. 서러운 여인들은 모든 절망과 한을 자신의 품안에 끌어안았다.

이 척박한 땅에 생명을 불어넣으며 커다란 젖줄이 될 수 있었던 것은 바로 이 여인들의 힘이었다. 제주여인들은 일을 통하여 새롭게 태어 나고자 했다. 제주속담에 '여자로 나느니 쉐로 나는 게 낫다'란 말이 있다. '여자로 태어나느니 차라리 소로 태어나는 게 낫다'는 뜻이다. 또 해녀박물관 벽에는 이런 속담도 적혀 있다. '물 아래 삼년, 물 우이 삼년'. 여기서 '삼년'은 은유적인 표현일 뿐이다. 일생의 반을 물속에서 살아야 했다는 뜻으로, 해녀로서의 삶이 얼마나 고단한 것인지 적나라하게 보여준다.

제주여인들은 가정의 일, 밭일, 바다일 뿐만 아니라 온갖 궂은일을 도맡아 했다. 태어나면서부터 '노동의 멍에'를 이고 살았다고 해도 과언이 아니다. 그래서 외지에서 제주도를 찾은 사람들은 밭에서 바다에서 온통 여인네들만이 보여서 여자가 많다는 이야기가 나온 것인지 모른다. 노동의 멍에는 멍에대로 지고 살면서도 '남존여비'의 무게까지 이중으로 지고 살았던 제주여인들….

그러나, 역설적이지만 암흑이 희망을 키운다고 했던가. 제주여인들은 이러한 절망과 한을 안으로 새기면서 더욱 더 강인해져 갔다. 현기영의 소설 『바람타는 섬』에서 볼 수 있듯이 1932년 항일투쟁을 제주의 잠녀들이 주도할 정도로 제주의 여인들은 강인한 인간으로 거듭났다. 잠녀들의 항일투쟁은 고립된 지리적 환경 때문에 세상에 별로 알려지지는 않았지만 약 삼개월에 걸쳐 1만 7천여명이 참가한 일제강점기 최대의 항일투쟁이었다. 제주역사의 중요한 대목마다 제주의 여성들은 나라와 공동체를 구하기 위해 자신들의 몸을 미련 없이 내던졌다. 제주해녀는 세계적인 존재로 어려운 작업 환경을 딛고 끈질긴 생명력과 강인한 개척정신으로 인해 제주여성의 상징으로 자리매김해 왔다. 그래서인지 제주의 여성들은 오늘날까지 적극적이고 독립적인 성격을 지닌 듯하다. 제주여인의 강인하고 역동적인 삶의 모습을 보여주는 인물이 잠녀들에 그칠 리 없지만, 제주여인들에게서는 눈물과 낭만의 서정성뿐만 아니라 현실과 투쟁의 서사성도 동시에 보인다.

제주섬 곳곳에서 흐드러지게 피었다가 뚝뚝 떨어지는 동백꽃은 제주 여인의 눈물과 같다. 어린 시절부터 거친 파도와 바람에 시달리며 주름이 깊어진 제주여인의 얼굴을 보고 있으면 서럽게 떨어지는 동백을 보는 듯하다. 그렇듯 힘들게 온몸을 불태우고도 모자라 저렇듯 온몸을 내던지고 마는 동백은 제주여인의 한 많은 삶을 닮았다.

근처의 가볼만한 곳

범섬

법환 마을 포구 앞에는 무인도 범섬이 있으며 '최영 장군 범섬 목호세력 토벌전승비'가 포구앞에 있다. 몽고지배 100여년의 사슬을 끊어낸 역사의 현장이 바로 이 법환포구 앞바다에 있는 무인섬인 범섬이며 몽고에 대항하여 이 땅을 지켜낸 최영장군의 격전지 현장에 기념비로 돌비석이 세워져 있다.

외돌개

서귀포 칠십리 해안가의 절벽기암 중 가장 눈에 띄는 것이 20m높이의 기둥바위 외돌개이다. 서귀포 시내에서 약 2㎞쯤 서쪽에 삼매봉이 있고, 그 산자락의 수려한 해안가에 우뚝 서있는 외돌개는 약 150만 년 전 화산이 폭발하여 용암이 섬의 모습을 바꿔놓을 때 생성되었다 한다. 물과 떨어져 바다 가운데 외롭게 서있다 하여 외돌개라 이름지어졌다는데, 고기잡이 나간 할아버지를 기다리다가 바위가 된 할머니의 애절한 전설과 최영장군에 관련된 전설이 있다.

주상절리

신神이 다듬은 듯 정교하게 겹겹이 쌓은 검붉은 육모꼴의 돌기둥이 병풍처럼 펼쳐져 있는 중문관광단지 동부지역 해안가의 주상절리대는 자연의 위대함과 절묘함을 동시에 느낄 수 있는 천혜의 자원으로 천연기념물 제443호로 지정 · 보호되고 있다.

날
사랑 한다고
말해줘요

비양도

제주도 동쪽의 성산포 앞바다에 우도가 있듯이, 서쪽의 한림항 앞바다에는 비양도가 손에 잡힐 듯 그림같이 아련히 떠있다. 아직은 우도처럼 널리 알려지질 않아 섬의 조용한 정취를 즐기거나 바다낚시를 즐기려는 사람 이외에는 찾아오는 관광객이 그리 많지 않다.

섬에서 배를 타고 바다를 건너 또 다른 섬으로 나들이 간다는 생각에 설렘과 흥분이 한림 앞바다의 파도 같이 좀처럼 가라앉지 않는다. 오전, 오후 하루에 두 차례만 있는 비양도 도항선을 타기 위해 한림항 선착장에 도착했다. 공동어시장에서 흘러나오는 생선과 바다냄새가 함께 섞여오며, 제법 큰 규모의 시골항구의 풍경이 눈에 들어온다. 비양도로 향하는 작은 도항선에 오르자, 배는 넓은 바다를 향해 하얀 포말을 일으키며 출렁이는 파도를 가르며 달리기 시작했다.

파도가 배위를 덮쳐 오고 있었지만 사람들은 선실 밖에서 바다풍경을 보기 위해 혹은 사진을 찍기 위해 몰려나와 떠들썩하게 소란을 피운다. 그 사이 배는 불과 15분 만에 비양도의 압개포구에 닿는다. 아담한 대합실과 제법 현대식 건물의 보건진료소, 그리고 아담한 집들이 옹기종기 모인 선착장 마을이 인상적이다.

비양도에는 60여 가구에 150여명이 살고 있는 작은 섬이지만, 학교, 한전, 교회 등이 있어서 주민들이 거주하기에 큰 불편함이 없도록 편의시설이 잘 갖추어져 있다. 오가는 관광객들을 바라보는 주민들의 표정도 다소 어색하고 호기심 어린 표정이지만 친절하게 길손을 맞고자 하는 그들의 마음과 눈빛이 정겹다.

비양도는 중국에서 조류를 타고 떠내려 오던 임신한 해녀가 이 섬에 올라가 쉬다 소변을 보는 바람에 갑자기 섬이 멈추어 이 자리에 정착했다는 전설이 있다. 이 전설이 얼마나 근거 있는 것인지는 모르지만, 생성시기 이렇게 전해오는 이야기가 가깝게 들리는 것은, 천 년 전에 화산

활동에 의해 분출한 한라산과 함께 역사적으로나 지질학적으로 매우 중요한 가치가 있는 섬이기 때문이 아닌가 한다.

비양도에 닿으면 사람들은 비양봉을 먼저 오르게 된다. 작은 섬에서 바라보는 본섬과 바다의 풍경은 새로운 감회를 자아낸다. 비양봉의 등산길은 입구 표시판에서 정상까지는 등산로를 보호하기위해 가파른 부분에는 나무계단이 놓여있고, 완만한 나머지 지역에는 걷기가 편하게 고무 매트를 깔아놓았다. 한 계단씩 올라갈 때마다 넓은 평원 끝자락에 금릉해수욕장과 멀리 신창 앞바다까지 한 폭의 아름다운 풍경화를 연상케 한다. 비양봉은 예로부터 대나무가 많아 대섬이라고도 한다. 그래서인지 등산로 입구에서부터 보이기 시작한 대나무는 정상까지 군락을 형성하고 있다. 여기서 자라는 대나무는 해풍과 일조량이 많기 때문에 육지에서 자라는 일반 대나무와 비교하면 잎사귀 크기가 작고 나무 조직이 세밀하고 단단하여 비양대나무라는 품종의 이름을 가지게 되었다. 이 지역 대나무는 화살대 재료로 적합해서 옛날부터 대나무 공출이 심했고, 주민들은 힘든 부역을 견디다 못해 몰래 불을 질렀다는 이야기도 전해온다. 비양봉 정상까지는 20분 정도가 소요되며, 정상에는 천 년 전의 모습을 그대로 간직한 세개의 분구가 남아있다. 정상 한쪽의 직경 오미터짜리 무인등대도 비양봉의 정경에 멋을 더한다. 정상에서는 섬의 동쪽이나 남쪽 바닷가에 서서 애월읍부터 차귀도에 이르는 제주 서부해안의 정경을 감상하는 맛도 각별하다. 한눈에 한림항이 보이고, 그 뒤로 서부지역의 오름군들이 한라산까지 이어진 경치가 아기자기한 공간과 북쪽 수평선 넘어 작은 어선들이 움직이는 풍경이 조화를 이룬다. 비양봉 분화구 주위에 널려있는 비양나무와 섬에서 자란 이름 모를 나물과 야생화들은 등산객들을 특별히 환대해 준다.

2001년 봄에 일주도로가 완공되어 해안선과 조화롭게 포장된 산책로를 따라 한바퀴 돌면서 섬을 트레킹할 수 있다. 비양봉을 내려와 북쪽 해안을 돌아 섬 일주여행을 시작하면, 슈퍼마켓과 한림초등학교 비양분교를 지나서 10여 분 거리에 '애기 업은 돌' 이라는 기암을 만난다. 갓난 아기를 등에 업고 바닷가를 응시하는 여인의 형상이다. 일제 때 이 돌의 사실적인 조형미에 반한 일본인들이 외부로 반출하려 했다는 사연도 간직하고 있다. 애기 업은 돌에는 그 앞에서 치성을 드리면 아들을 낳는다는 속설도 전해진다. 이 기암에서 10여 분만 더 가면, 큰 가지바위와 작은 가지바위가 차례로 나타난다. 두 바위는 가마우지와 갈매기 등 물새

들의 배설물로 뒤덮여서 표면이 하얗고, 썰물 때에는 걸어서 건너갈 수도 있다. 그리고 만조 때의 큰 가지바위는 아기코끼리가 물에 코를 박고 수영하는 형상이다. 그래서 일명 '코끼리바위'라고도 불린다.

동쪽 해안도로 입구에는 학생이 세 명 뿐인 아담한 비양분교와 이어지는 '펄랑'이라 불리는 넓은 염습지가 사람의 마음을 사로잡는다. 펄랑호에는 암대극이 한창 피어 너울거리고, 백로와 물오리가 한가로이 앉아 노닐다가 사람들이 지나가자 화들짝 놀라 날아간다. 갯완두와 괭이밥, 갯무꽃 같은 식물들이 물오리 사이에서 교태가 한창이다. 아쉽게도 비양봉에는 우도의 서빈백사 같이 멋진 해수욕장이 없다. 썰물 때마다 선착장 옆에 드러나는 작은 모래사장이 이 섬의 유일한 해수욕장이다. 대신에 북쪽 등대 주변의 바닷가에서 보말, 소라, 오분자기 등을 캐며 체험관광을 할 수 있다는 것이 큰 매력이다.

비양도는 제주도에서도 가장 자연상태로 잘 보존된 섬이다. 그만큼 아직도 사람들의 발길이 덜 닿았다는 말이다. 그런데 이 작고 아름다운 섬에 최근 들어 일부 기업체가 협재 해수욕장에서 비양도 해안까지 해상 케이블카를 설치하는 작업을 제안하고 제주도에서도 이를 허락할 움직임이 있다고 한다. 이 무슨 경악할만한 일인가. 어디서나 무분별한 개발의 논리는 아름다운 자연을 멋대로 파괴해가고 있다. 도항선을 타고 한림항으로 돌아오는 바다 위에서 바라본 비양도는 어여쁜 몸짓으로 "날 사랑한다고 말해줘요"라고 속삭이는 듯 했다.

● 근처의 가볼만한 곳 ●

한림공원

1971년 협재리 바닷가의 황무지 모래밭에 야자수와 관상수를 심어 가꾼 사설 공원이다. 푸른 야자수를 보고 있노라면 마치 하와이나 다른 나라에 와 있는 듯한 착각을 일으키게 하는 곳이다. 온갖 식물들과 열대림으로 만들어진 이곳 한림공원은 풍성한 자연의 정취와 함께 제주에서만 맛볼 수 있는 이국적인 매력과 경험을 맛볼 수 있을 것이다.

비양봉

비양도 섬 중앙에는 높이 114m의 비양봉과 2개의 분화구가 있다. 오름 주변 해안에는 '애기 업은 돌'이라고도 하는 부아석負兒石과 베개용암 등의 기암괴석들이 형성되었으며, 오름 동남쪽 기슭에는 '펄낭'이라 불리는 염습지가 있다.

협재해수욕장

한림읍 서해안 지대에 위치하며 조개껍질이 많이 섞인 은모래가 펼쳐지는데, 수심이 얕고 경사가 완만하기 때문에 수영 초보자에게도 알맞은 해수욕장이다. 각종 시설이 마련되어 있고 전복 · 소라 등 해산물이 많이 잡히며 주위에 송림과 잔디가 있어 캠핑하기에도 적당하다.

바람의 왕국

마라도

우리나라의 최남단이라고 하는 작은 섬 마라도에도 없는 것이 없다. 자동차 대신 관광하길 원하는 관광객들을 위한 카트, 파출소, 학교, 편의점, 펜션, 교회, 성당, 절, 그리고 자장면 집까지…. 몇 년 만에 다시 찾은 마라도는 예나 지금이나 우리를 삼킬 듯이 불어대는 바람을 제외하고는 너무나 많이 변해 있었다.

국토의 최남단에 떠 있는 섬 마라도는 가히 바람의 왕국이라 할 만하다. 이곳에 사는 사람들은 바람을 먹고 산다. 사방팔방이 탁 트여 제주남단의 바람이란 바람은 다 마라도로 들어간다. 마라도에는 낯을 간질이는 애교 섞인 산들바람이나 한들바람이라곤 찾아볼 수 없다. 사시장철 불어대는 하늬바람이나 삭풍은 온몸을 움츠러들게 한다. 그래서인지 마라도에서는 모든 것이 바람을 피해 엎디어 있다. 집도, 나무도, 풀도 모두 잔뜩 웅크려 있다. 마라도에서 유일하게 하늘을 향해 위용을 자랑

하는 것은 등대 뿐이다. 마라도의 등대는 불이 보이지 않아도 머나먼 곳을 응시하며 배가 지나가는 것을 바라보고 있다. 그래서 마라도에서는 바람이 자면 고요와 함께 생기가 돌지만, 심상치 않은 바람이 불 때면 파도소리와 바람소리가 온 섬을 점령해 섬사람들은 쥐죽은 듯 숨어 있어야 한다.

송악산에서 유람선을 타고 40분, 사방으로 깎아지른 절벽 위에 평평한 들판은 거센 바람에 납작 엎드려 있는 모습이 흡사 두툼한 몸통만 드러내고 있는 광어나 도다리 같은 고기의 모습을 연상시킨다. 나란히 남쪽 바다에 자리잡은 마라도와 가파도는 거센 섬 바람에 나지막이 누워 있는 모습이 형제와 같이 닮았다. 선착장 옆으로 바다를 향해 포효하듯 커다란 입을 벌린 해식동굴이 제일 먼저 여행객을 반겨준다.

눈 아래로 펼쳐지는 해안의 바위들은 오랜 해풍의 영향으로 검은 기암괴석의 특이한 형태들을 보인다. 넓게 펼쳐진 푸른 들판 위에 띄엄띄엄 늘어선 등대와 교회를 비롯한 건축물들이 조용한 섬마을이라기보다는 마치 『걸리버여행기』에 나오는 소인국에라도 온 듯한 느낌이다. 1883년에 3세대가 이주하면서 사람이 살기 시작했는데, 당시에는 산림이 울창하였지만 농사를 짓기 위해 산림에 불을 놓는 바람에 여태까지 뱀과 개구리가 살지 않는 섬이라 한다. 마라도의 풍광은 매우 이국적이었다. 눈을 돌리면 푸른 바다와 푸른 초원이 펼쳐져 있고 동산 위에는 한껏 멋을 내어 지어진 섬에서 가장 높은 건물인 등대와 성당, 초콜릿 박물관 등이 자리하고 있다. 사람들의 단골 사진 촬영 장소인 국토최남단비, 슬픈 전설을 담은 할망당 등을 보고 나면 섬의 일주는 끝이 난다. 동경 126

도, 북위 33도. '대한민국 최남단'이라 적힌 이 기념물을 보는 것만으로도 마라도를 찾는 의미는 다했다고 해도 과언이 아니다.

한 가지라도 부족하고 모자라는 것이 있어야 마라도가 정말 아름다운 섬이 될 터인데 마라도에서도 없는 것이 없다. 그러나 마라도에서는 없는 것 없이 다 있지만 정작 중요한 모든 것은 다 사라지고 없다. 해안 따라 섬을 한 바퀴 도는 한 시간 남짓한 동안 보이는 것은 온통 푸른 들판뿐 키 큰 나무하나 찾아보기 힘들다. 그만큼 척박한 땅이다. 손바닥만한 밭 한 뙈기 없이 물질과 고기잡이로 살아온 토박이 주민들도 대부분 떠나고, 관광객들과 이들을 상대하는 업소들만이 좁은 섬 위에서 북적인다.

이 작은 마라도에도 자본과 사람이 집중되어 과연 마라도가 무사할 수 있을까? 몇 년 전만 해도 '마라도 자장면' 신화로 2군데 밖에 없던 자장면집이 이제는 거의 군락을 이루고 있지 않은가. 자본이 과하게 집중되면 욕망이 흘러넘치고, 결국에는 그 욕망이 조용한 촌락을 쑥대밭으로 만드는 일이 생길 터인데 현재 마라도의 참모습은 어떨까 궁금해졌다. 현지인은 현재 마라도에 대해 걱정을 태산같이 하고 있었다. 예상했던대로 사람과 자본이 몰리면서 이 좁은 마라도가 분열되어 가는가 하면, 외지인과 내지인 사이의 갈등이 북 마라도, 남 마라도 간의 대립으로 표출되고 있다고 한다. 현재 우리 사회의 일그러진 자화상이 이 좁은 마라도에서도 적나라하게 드러나는 것이 아닌가 생각하니 못내 마음이 아프다.

마라도는 바람의 귀착지이다. 일망무제로 확 트인 수평의 바다에서 마라도는 홀로 끝자락에 솟아올라 바다에서 달려드는 바람을 온몸으로 맞는다. 바람의 섬 제주에서 바람은 태어난다. 바람의 고향은 제주이지만, 바람은 오름을 휘감고 들판을 건너 마라도까지 와 닿는다. 바람의 나라는 존재하는 것일까. 만약 바람의 나라가 존재한다면 육신은 함께 갈 수 없으며 영혼만 갈 수 있을 것이 아닌가. 그래서 우리는 마라도에 가고 싶어 하고 또한 전설의 섬 이어도를 그리는 것은 아닐까.

마라도로 들어올 때 머리가 아프도록 시끄럽게 떠들어대던 선장아저씨가 돌아오는 배에서는 아예 마이크를 들지도 않았다. 그나마 조용한 분위기에서 갈매기의 울음소리를 들으며 남단의 바다에서 바람에 떠다니는 듯한 마라도를 다시 바라본다.

근처의 가볼만한 곳

할망당

섬 일주 도보 여행의 첫 기착지는 할망당이다. 마라도 북서쪽의 바위 위에 돌담으로 둘러싼 두평 남짓한 작은 사당인 이곳은 본향신을 모시고 있다. 옛날 모슬포 해녀들이 배를 타고 이곳으로 물질하러 왔다가 희생시킨 한 처녀의 혼백을 위로하기 위해 지어 놓은 사당이다.

국토최남단비

억새밭을 돌아 나가면 이내 우리 국토의 최남단을 알리는 '최남단비'가 나타난다. 우리 국토의 시작인지, 끝인지는 알 수 없지만 더 갈 곳이 없는 시발점이자 종착역이다. 최남단비 아래에는 장군 바위가 있다. 빼어난 기상을 품은 듯한 장군 바위에는 하늘에 사는 하르방이 땅에 살고 있는 할망을 만나러 내려오는 길목이라는 전설이 서려 있다. 장군 바위는 최남단비와 더불어 기념촬영지로 제격인 곳이다.

아름다운 등대

1915년에 설치한 마라도 등대는 우리나라 최초의 등대이다. 남지나해로 나가는 어선에게는 없어서는 안될 바다의 길잡이로 마라도의 명물이다. 세계 해도에 제주도는 나와 있지 않아도 마라도 등대는 표시되어 있을 정도로 중요한 시설로 1987년에 개축했다. 10초마다 한번 씩 깜박이는 불빛은 38km까지 뻗는다고 한다.

그 섬에 가거든

우도

성산포 선착장을 출발한 유람선은 유유히 우도牛島를 향한다. 뱃머리에 부딪힌 푸른 물은 흰 포말을 일으켜 배 꽁무니에 넓은 길을 만들어 놓는다. 우도는 가파도, 마라도, 추자도 등과 함께 제주의 여덟개의 유인도 중 하나다. 역사적으로 우도는 1697년(숙종 23년) 국유 목장이 설치되어 국마國馬를 관리·사육하던 곳이다. 그런 이유에선지 우도의 모습은 소의 형상과 꼭 닮았다. 처음 보는 사람들은 어디가 어딘지 모르겠다고 하지만 작정하고 보면 정말 그렇게 보이니 신기할 따름이다. 유심히 살피면 소의 꼬리 부분부터 차차 배 부분으로 올라가자 방긋 웃고 있는 소의 얼굴이 너무나 잘 드러난다. 혹시 저 모습이 소가 아니라 말인가 싶어 다시 자세히 바라보지만 어김없는 소의 모습이다.

우도에는 아직까지 정겨운 삶의 모습이 많이 남아 있다. 적당한 크기의 돌을 이용해 쌓아올린 야트막한 담장 길들이 그렇고, 곳곳에서 태왁에 몸을 의지한 채 물질을 하는 해녀들의 모습이 그렇다. 180만평의 화산섬, 여의도 면적의 약 세 배 가까운 섬에 이천 여 명의 주민이 살고 있다. 투명한 바다와 흙빛 돌의 매력은 하루 3~4천명의 관광객을 방문케한다. 섬사람 대부분은 어업과 농업에 종사한다. 비옥한 땅 덕분에 마늘, 양파, 땅콩 등 농산물 수익은 수산물 소득을 앞선다. 하지만 농촌 노령화는 여기도 예외가 아니다. 주민의 50% 이상이 60세를 넘어서인지 여느 시골 마을처럼 조용하고 순박한 기운이 흐른다.

흔히 우도 8경으로 주간명월(晝間明月 대낮에 굴속에서 달을 본다), 야항어범((夜航漁帆 밤 고깃배 풍경), 천진관산(天津觀山 동천진동에서 한라산 보기), 서빈백사(西濱白沙 서쪽의 하얀 산호 백사장), 지두청사(指頭靑沙 등대가 있는 우두봉 꼭대기에

올라서서 바라본 우도전경), 전포망도(前浦望島 구좌읍 종달리와 하도리 사이 앞바다에서 본 우도 모습), 후해석벽(後海石壁 수직기암절벽이 성산일출봉을 마주보며 버티고 서 있는 모습), 동안경굴(東岸鯨窟 거인고래가 살았음직한 해식동굴의 모습) 등을 꼽고 있지만, 딱히 8경이라도 할 것도 없이 우도 전체가 비경이라고 해도 지나치지 않다.

우도에는 국내에서 쉽게 찾기 힘든 해수욕장이 여러 군데 있다. 우도에서 알려진 해수욕장을 꼽자면 서쪽 해안에 자리하고 있는 '서빈백사'와 그 반대편에 자리한 하고수동해수욕장을 들 수 있다. 우도 8경 중 백미로 꼽히는 '서빈백사'는 저 멀리 남태평양의 휴양 섬에서 보았던 분위기와 흡사하다. '눈이 시리다' 내지는 '눈이 부시다'라는 흔한 표현은 바로 이런 곳을 두고 해야 한다는 생각이 들 정도이다. 뿐만 아니라 그 물빛은 파란색 잉크를 슬쩍 풀어놓은 것처럼 은은한 빛깔이 절로 탄성을 자아내게 한다. 또 다른 우도 8경 중 하나인 '주간명월'은 우도봉의 서남쪽 광대코지 아래의 동굴에서 달을 바라볼 때 생겨난 절경을 일컫는 말이다. 물에 비친 해가 동굴 천정에 반사되면 둥근 달이 두둥실 떠 있는 것과 같이 보인다는 것이다.

우도팔경을 중심으로 섬을 한바퀴 도는 것도 좋지만 해안선을 따라 숨은 이야기를 찾아다니는 것도 좋다. 액운을 막기 위해 사다리꼴 또는 원꼴 모형으로 돌을 쌓은 방사탑은 하르방과 할망이 마을을 지키고 있다. 섬 북쪽 전흘동 망루와 등대는 1948년 제주도 4·3사건 이후 공비의 침투 등 해안을 관찰하기 위한 목적으로 우도 주민이 세운 것이다. 우도 서쪽에는 하얀 돌 때문에 산호사해수욕장이라 불리는 해변이 있다.

사실 산호사가 아닌 홍조류가 하얀 빛을 발산하는 것이어서 근래에는 홍조단괴해빈紅藻團塊海濱이라 불린다. 섬 남동쪽에는 검은 모래로 이루어진 검멀레가 하얀 해변과는 대조적인 매력을 뽐낸다.

우도를 방문했을 때 가장 많은 사람들이 들르는 곳이 소머리오름이다. 우도의 풍경을 한눈에 볼 수 있는 곳으로 소머리오름 만한 곳도 없다. 소머리오름은 섬에서 가장 높은 곳으로 '우도봉'이라고도 부른다. 이 곳 역시 화산활동으로 생긴 제주의 수많은 오름 중 하나다. 오름 전체가 고운 잔디로 덮여있고 경사도 그리 심하지 않아 평원과 같다. 지대가 높아 바람이 다소 많이 부는 점만 제외한다면 오르내리는 것이 그리 힘들지는 않다.

우도봉에 올라 건너편의 성산 일출봉에서 밀려왔다 밀려가는 파도의 물결을 바라보고 있으니 우도가 갑작스레 일어나 성산포구로 움직여 나갈 것이 아닌가 하는 환상에 젖어본다. 우도는 제주의 동쪽 끝자락에 평화롭게 누워 있다. 제주도에 비하면 한 점 작은 섬에 불과하지만 동쪽에서 부는 거센 바람을 가장 먼저 온몸으로 막아낸다. 아침마다 가장 먼저 해를 맞이하는 곳도 성산일출봉이 아닌 우도이다.

우도를 다녀온 사람들은 제주에서 제일 멋진 섬이 우도라고 하고, 아직 우도를 가보지 못한 사람은 마라도가 제일 멋진 섬이라 한다. 그러나 어느 섬이든 배가 떠나버린 섬은 외롭고 고독하다. 로빈슨 크루소가 그랬듯이, 사람은 누구나 인생이라는 외로운 섬에 살아야 한다.

● 근처의 가볼만한 곳 ●

우도봉

섬에서 가장 높은 우도봉(132m)에 오르면 발 아래로 섬 전체의 아기자기한 풍광이 내려다 보이고, 눈 앞에는 성산 일출봉을 포함한 제주본도의 모습이 맑고 푸른 바다를 배경으로 시원스레 펼쳐진다. 우도관광은 대체로 이곳에서부터 시작되어 섬 전체를 구석구석 돌아보게 된다.

서빈백사

우도 서쪽 동천진동과 상우목동의 경계 부근에 산호가 부서져 형성된 하얀 모래사장이 있다. 동양에서는 유일한 산호해변으로 눈이 부시도록 하얀 모래와 푸른 바다가 어우러져 보는 이의 감탄을 자아낸다. 우도팔경 중의 하나이다.

동안경굴

우도봉 아랫마을 영일동의 검은모래가 있는 검멀래 해안에 콧구멍이라는 동굴이 있는데 이곳이 바로 동안경굴이다. 굴 속의 굴, 즉 이중동굴로 이루어진 이곳은 썰물이 되어야 입구를 찾을 수 있다. 게다가 입구는 좁지만 안쪽에는 온통 이끼에 덮인 큰 굴이 있어, 예전에는 고래가 살았을 것이라 추측하기도 한다. 우도팔경 중의 하나이다.

섬은 섬으로 이어지고

추자도

제주항에서 아침 9시 30분에 출발한 목포행 쾌속선인 핑크돌핀호를 타고 추자도로 향한다. 250명이 탈 수 있는 이 백 톤에 불과한 이 배는 빠른 속력으로 한 시간이 좀 지나자 승객들을 추자도에 내려준다. 추자항에 도착했을 때 어디선가 "제주항 뱃길 따라 갈매기 손짓 따라 유채꽃이 곱게 피는 추자도를 아시나요" 라는 유행가 노랫가락이 들려온다.

상추자, 하추자, 추포, 횡간도 등 네 개의 유인도와 서른여덟 개의 무인도로 '제주의 다도해'라고 불리는 이 섬에는 3,000 여명의 주민들이 주로 수산업을 주업으로 하며 살고 있다. 섬과 섬으로 이어진 섬에서 바다와 사람이 한 덩어리가 되어 생존하는 섬 속의 섬 추자도, 이 섬에 너무 늦게 찾아왔다는 생각이 들었다. 그만큼 추자도는 나뿐만 아니라 많은 사람들에게 오랫동안 잊혀진 섬이었다. 추자도에서 가장 큰 두 섬, 상추자도와 하추자도의 봉우리들을 넘고 또 넘어가면 추자도는 숨은 속살

을 모두 다 들춰내 보여준다. 추자도를 다니다보면 한 마디로 바다에 떠서 첩첩산중을 헤매는 느낌이다. 겹겹이 보이는 섬의 봉우리들은 섬이 아니라 깊은 산중에 들어와 있는 듯한 느낌을 갖게 한다. 산봉우리들 아래로는 푸른 바다가 끝없이 펼쳐져 있다. 발길과 눈길을 옮길 때마다 바다와 섬들이 서로 어우러져 새로운 풍광을 쏟아낸다. 그래서 독특한 모양의 섬들과 아름다운 절경을 자랑하는 추자도는 '추자 10경'을 낳았다.

추자도에서는 최영장군 사당, 추자 처사각, 황경헌의 묘 등 추자도의 유서 깊은 유적들을 볼 수 있다. 최고의 전망을 자랑하는 추자 등대, 일몰이 아름다운 봉글레산, 해수욕을 즐길 수 있는 모진이 몽돌해안은 추자도의 명소들이다. 묵리 고갯길과 예초리 기정길, 처사각 옆 숲길, 추자 등대를 거쳐 추자교로 가는 길, 돈대산에서 내려오는 길, 나바론 절벽 가는 길 등은 최근 제주올레의 열풍으로 추자면의 도움을 받아 새롭게 낸 길이다.

그러나 추자도에는 아름다운 풍광만이 있는 것은 아니다. 1801년 순조 때 황사영이 당시 조선이 기독교를 박해하고 있으니 군대를 파견하여 도와달라고 비밀문서를 보냈다가 발각된 사건이 있었다. 이 사건으로 인해 제주도에 유배된 정약용의 조카 정난주 마리아는 두 살 배기 아들을 살리기 위해 아들을 저고리에 싸서 추자도의 바위에 숨겨두고 왔다. 아들은 어부 오씨에게 발견돼 추자도에서 평생을 살았고, 어머니는 제주도 대정에서 평생을 관노로 살다가 묻혔다. 죽을 때까지 만나지 못한 어머니의 묘는 제주 대정에서 그 아들의 묘는 바로 추자도에서 찾아볼 수 있다.

추자 섬에서는 어디서나 굴비를 손질하는 여인네들의 손길이 바쁘다. 참굴비와 조기는 추자도의 상징이 되어 있지만 이 곳에서 잡히는 조기는 전라도 영광으로 반출되어 영광굴비로 둔갑하여 사람들의 밥상에 오르고 있다. 추자굴비가 보여주듯이 추자섬은 한 지붕 두 문화가 공존하는 섬이다.

그 옛날 추자도는 제주도와 전라도를 잇는 징검다리였다. 이 섬은 풍랑을 만났을 때 대피하는 유명한 후풍처였다. 그래서 1271년(고려 원종12년)까지 후풍도侯風島라 불리었다. 그 후 전라남도 영암군에 속하면서 추자도로 개칭하고, 1910년부터 제주에 소속하게 되었다. 전라도와 제주도에 번갈아 편입되었으나 현재는 제주시 추자면으로 되어 있다. 하지만 행정단위는 제주도이지만 생활문화는 전라도에 가깝다.

말하자면 추자도 사람들의 몸은 제주에 살고 있지만 정신은 호남 문화권에 기울어 있다. 뱃길도 여전히 전라도 목포를 향해 질주하고 있다. 추자굴비가 영광굴비로 변모되듯이 생계를 유지하거나 병원을 이용하기 위해 사람들은 오랜 세월 전라도를 드나들었다. 그래서 옛 조상들로부터 추자사람들의 안방문은 전라도일 수밖에 없었다. 오늘날은 사정이 많이 달라졌다. 이제 제법 많은 젊은이들이 제주도로 건너가 학교를 다니기도 하고 생활근거지로 제주도를 선택하기도 한다. 그러나 젊은이들이 제주도에서 교육받고 생활하고 있지만 집안에서는 여전히 전라도 문화가 엄존하고 있어 젊은 사람들과 나이든 사람사이의 정체성의 혼란은 적지 않다. 제사나 명절, 장례, 세시풍속 등에서는 여전히 제주문화의 뿌리를 찾기 힘들고 안방 깊숙이 자리 잡고 있는 것은 호남문화다.

언어 특히 사투리는 전라도 쪽과 비슷한 점이 많다. 이를테면 잠녀는 제주도에선 좀녀라 부르지만 추자도에선 무레꾼, 밀짚모자는 제주도에선 패랭이라 부르지만 추자도에선 마레기, 도마는 돔베라 하지만 추자도에선 도매라고 한다. 찬장은 제주도에서 살레로 추자도에서는 살강으로, 성냥은 제주도에선 불곽이라 하지만 추자도에선 성낙이라고 한다.

그러나 추자도에서 제주문화와 호남문화를 구태여 구분할 필요가 무엇이겠는가. 제주라는 변방의 섬에서 또 다른 변방의 섬으로 홀로 내던져져 존재한 세월이 얼마나 힘들었겠는가. 우리 역사에서 추자도는 제주도와 마찬가지로 이름난 유배지였다. 추자도는 정조 때 귀양을 온 대전별감 출신 안조환이 쓴 유배가사에 '하늘이 만든 지옥天作地獄'으로 묘사할 정도로 천형의 섬이었다. 추자도 군도 가운데 관탈섬이란 곳이 있

다. 유배인들이 귀양살이를 오다가 이 섬에 이르러 "이제 다 왔구나!" 한 시름을 놓으며 갓을 벗었다 하여 붙여진 이름이다. 제주섬과 마찬가지로 추자도가 '유배 1번지'라는 것을 상징하는 흔적이다. 절해고도에 귀양온 사람들의 기구한 삶의 운명은 물론이고 추자도는 예로부터 끊임없이 왜구에 시달렸던 곳이었고, 일제강점기 시대에도 어민들의 생존을 위한 항쟁이 그치지 않은 곳이었다.

거칠게 밀려왔다 밀려가는 추자도의 파도같이 섬의 역사는 고단한 물줄기로 이어졌던 것이다. 자연의 법칙에 순응하며 바다 밭을 일구는 것도 힘겨웠지만 육지와 지배권력의 횡포 하에 한많은 세월을 견뎌냈던 추자도 사람들. 그 수많은 세월 속에서 섬의 침략자를 몰아내면서 추자섬을 지켜온 사람들의 생존방식은 거룩했다.

추자섬을 떠나기 전, 등대전망대에 올랐다. 추자도를 한품에 안고 싶었다. 섬은 섬으로 이어지며 추자도는 그 자리에 있었다. 섬 사이를 빠져나가는 돛단배 한척이 추자도의 한을 내던지고 싶다는 듯 먼 바다로 향해 가고 있었다.

●근처에 가볼만한 곳●

곽게창파

추자도와 제주섬의 중간지점에 위치하고 있는 관탈섬의 다른 이름이 '곽게'이다. 과거 유배객들이 제주도로 들어올 때 이 섬 앞에서는 갓을 벗었다고 한다. 곽게섬 부근의 푸른 물결이 세상 인연을 지워버릴 듯 무심히 너울거리며 흐르는 모습을 말한다.

추포어화

제주도에 딸린 유인도중 가장 작은 섬이 추포도이다. 멸치 떼가 가장 많이 모이는 섬이라 해서 붙여진 이름이다. 추자군도의 정 중앙에 위치하고 있는 이 섬은 밤이 되면 어둠 속의 멸치잡이 불빛과 어우러져 절경을 이룬다.

장작평사

신양포구(옛 이름은 장작지)의 해변으로 작은 돌에서부터 달걀만한 자갈로 해변을 이루고 있다. 폭 20미터 길이 3백미터의 해변을 이루어 장관을 연출하고 있다.

전설의 섬

이어도

이엿사나 이여도사나 이엿사나 이여도사나
우리 배는 잘도 간다 솔솔 가는 건 솔남의 배여
잘잘 가는 건 잡남의 배여 어서 가자 어서 어서
목적지에 들여 나가자 우리 인생 한번 죽어지면
다시 전생 못하나니라

푸른 물결을 가르며 배가 흘러가는 것을 내려다보고 있으면, 상여꾼의 노래 소리 같기도 하고 어딘가 어촌 마을에서 들려오는 민요 가락 같기도 한 노래 소리가 귓가에 들려온다. 한과 그리움을 달래는 노래 '이어도 타령'은 영원한 이상향에 대한 제주사람들의 염원을 담고 있다.

이 노래 소리는 어디에서 오는 것인가. 하늘에서 오는가, 아니면 저 바다 건너 어느 미지의 땅에서 들려오는 것인가. 제주사람들은 실체도

없는 이어도를 그리워한다. 사랑하는 자식과 남편이 가고, 결국은 자신도 그 뒤를 따라 떠나게 될 섬으로 여겼다. 살아서 되돌아오지 못하지만 사시사철 먹을거리를 걱정하지 않아도 되는 섬이라 생각했던 이어도는 이승의 삶이 지겹도록 고달플 때 편히 쉴 수 있는 안락의 섬이었다. 그래서 제주사람들에게 이어도는 죽음의 섬이면서 한편으론 꿈에도 그리는 구원의 섬이기도 했다. 정말 이어도는 이 지상에서와 같은 고통도 없고 인생의 덧없음도, 가신님에 대한 그리움도 없는 사랑과 행복과 축복만이 넘쳐나는 이상향일까.

'이어도'는 제주도 뱃사람들의 구전으로 전해져 오는 피안彼岸의 섬이다. "긴긴 세월동안 섬은 늘 거기 있어 왔다. 그러나 섬을 본 사람은 아무도 없었다" 이청준의 소설 『이어도』는 이렇게 시작한다. 제주 사람들은 예로부터 이어도라는 섬에 대한 환상을 안고 현실의 어려움을 견디어 왔다. 그러나 아무도 그것을 본 사람은 없었다. 그것을 본 사람은 모두 그 섬으로 가 버리고 돌아오지 않았기 때문이다. 섬사람들은 이어도라는 섬을 믿기에 '이어도 타령'을 부르면서 그리움과 고통을 삭여내고자 했다. 『이어도』는 이어도임을 암시하는 '파랑도'를 찾는 해군 작전이 '섬의 부재'를 확인하면서 끝난다. 그러나 작품에서 천남석 기자는 죽음으로써 이어도의 존재를 증명해 보이고자 한다. 대개의 문학작품들에 나타나는 피안의 이상향이란 현세의 모든 고난과 갈등에서 해방된 지극히 아름답고 행복한 축복의 땅으로 그려지고 있다.

인간은 왜 이렇게 끊임없이 이상향을 꿈꾸는 것인가. 이미 오래전

플라톤이 '이상국가'를 꿈꾸어 왔듯이 인간은 '도원경桃源境'과 '천년왕국'과 '유토피아'를 갈망해 왔다. 사람들이 꿈꾸어온 이런 이상향은 신에 의해서 주어질 때에만 가능한 것인가, 아니면 인간이 이런 이상향을 만들 수 있을까? 이상향의 실현이란 것이 현실에서 얼마나 가능한 것인가?

이성과 논리를 중요시여기는 서구적 합리주의는 우리의 정신세계에 자리 잡고 있는 전통적 이상향을 근거 없는 미신이거나 공상이라 생각해 왔다. 하지만 인간의 본원적인 불안과 소외, 고독은 이성이나 지성이라는 척도로만 해결할 수 없는 것이다. 불안과 고독이 원초적이라면 낙원과 이상향에의 꿈 역시 인간의 무의식에 자리한 원초적 지향이라고 할 수 있다. 물론 지나치게 낙원만을 꿈꾸는 사람은 때로 몽상에 젖거나 현실 도피적 경향으로 빠질 수도 있다. 그러나 반대로 낙원을 지향하는 태도는 인간의 정신을 자극하여 지상의 현실을 개선해내는 힘으로 작용하기도 한다. 이를테면 사회주의와 같은 근대적 이데올로기는 유토피아라는 이상향에 대한 갈망에 바탕을 둔 것이다.

낙원의 존재를 부정하는 근대적 합리주의는 소비와 욕망이 판치는 현대 자본주의사회에서 새로운 유형의 '가짜낙원'을 끊임없이 복제해내고 있다. 오늘도 TV를 비롯한 대중매체에서는 온갖 미사여구가 동원되며 아파트 광고가 계속되고 있다. 사람들에게 화려하고 편리하고 안락한 아파트는 바로 새로운 낙원이다. 광고는 우리에게 어서 이 낙원으로 오라고 손짓한다. 이 메시지는 무의식중에 사람들의 의식을 지배하여 가치를 자리매김한다. 어느 아파트에 사는가에 의해 그 사람의 가치가 결정되며, '좋은 낙원'에 들어가기 위한 아귀다툼의 경쟁이 정당화된다. 전력을 다해 분수에 넘치는 돈을 마련하고, 새벽부터 장사진을 이루며 모델하우스 앞에서 줄을 선다.

자본과 욕망이 득세하는 '가짜 낙원'이 아니라 사랑과 평등이 넘치는 '이상향'을 꿈꾸며 그것이 조금씩이나마 실현되어질 때 우리들의 삶의 현실도 보다 나아지는 것은 아닐까? 그리하여 '잃어버린 낙원' 회복 운동이 일어날 때 인간의 존엄성과 생명의 가치를 지킬 수 있는 것이 아닐까? 이청준은 「이어도」를 완성한 후에 말한다. "바라건대 우리에게 더 많은 이어도가 있어줬으면 좋겠다. 그것은 이어도가 실재 아닌 허구에 불과한 것이라 하더라도 우리는 때로 가시적인 사실에서보다는 그 허구 쪽에서 오히려 더 깊은 진실을 만나게 될 때가 있기 때문이다." 마찬가지로 천남석의 시신(屍身)이 다시 제주섬으로 돌아온 것은, 결국 우리가 찾는 이상향이 그 탐색 과정에 있는 것이지 결과에만 있는 것이 아님을 말해주고 있다. 제주섬이 바로 이어도이고 낙원은 현실에서 개척되고 실현되어야 하는 것이다.

우리에게 드리워진 눈에 보이지 않는 사회적 힘은 우리를 자유롭고 평화롭고 순수하고 행복한 개인으로 살지 못하게 한다. 이 거대한 힘은 우리들 존재의 날개를 땅으로 끌어내려 때로는 바퀴벌레나 개미처럼 굴욕적으로 만들기도 하고, 때로는 개와 늑대같이 험악하게 만들기도 한다. 그래서 인간은 온갖 탐욕과 억압과 폭력 속에서 시달리며 고통 받고 있다. 토마스 모어는 이미 16세기 초 『유토피아』에서, 무질서와 전쟁의 공포로부터 해방되어야 하고, 노동 윤리가 강조되는 사회가 전제되어야 하고, 모든 곳에서 돈으로 평가받는 사회가 아닌 인간이 인간답게 평등

하게 대접받는 이상향의 사회를 꿈꾸었다. 그러나 수백 년이 지난 지금까지도 이 같은 사회의 도래는 너무나 아득하다.

그래서 인간은 오늘도 끊임없이 바다로 나아가고자 하고 하늘로 날아가고자 한다. 신화 속 이카루스처럼 인간은 자유의 날개를 펼치고 낡은 이 땅을 떠나 새로운 시작의 땅으로 달아나고자 한다. 이상향은 '꿈꾸는 자'의 세계이다. 이상향은 '다음, 저기에서'의 행복을 위한 약속이 아니라 '지금, 여기에서'의 행복을 꿈꾼다. 일상의 삶이 아무리 힘들고 어려울지라도 우리가 찾아갈 수 있는 새로운 세상에 대한 희망과 꿈이 있기 때문에 우리는 존재할 수 있다. 비록 유토피아란 말 그대로 '어디에도 없는 곳' 인지 모르지만, 그래도 그 곳이 존재하리라 믿고 언젠가는 그 곳에 갈 수 있을 것이라고 믿기 때문에 우리는 오늘의 이 고단한 삶을 견뎌내며 살아갈 수 있다. 우리가 꿈꾸는 이상향은 어디에서 어떤 모습으로 다가올까?

오늘도 이어도를 그리며 제주바닷가에 망연히 서 있다. 저 멀리 전설의 섬 이어도가 나타났다 사라진다. 저 이어도에서는 이 지상에서와 같은 고통과 슬픔과 이별은 없을까. 우리네 인생도 영원으로 이어질 수 있을까.

이엿사나 이여도사나 이엿사나 이여도사나
우리 배는 잘도 간다.

북녘하늘을 바라보며

연북정

북제주군 조천읍 조천리에 가면 북쪽의 한양을 바라보며 임금님을 사모하는 정을 기리는 정자라는 뜻의 제주도 유형문화재 제3호로 지정된 '연북정戀北停'이 있다. 또한 연북정 부근 마을안길에는 마을의 공적을 남긴 사람과 덕망 있는 사람들의 뜻을 기리는 비석거리도 있다. 연북정은 건물 사방이 창호 없이 트인 정자양식으로 전면 3칸, 측면 2칸의 7량 집 팔각지붕이다. 연북정이란 이름은 1599년 성윤문 목사가 건물을 중수하면서 붙인 것으로 이전에는 1590년 이옥 목사가 '쌍벽정'으로 편액하였는데, 원래는 조천성 밖에 있었던 객사로서 성을 동북쪽으로 물려 쌓은 뒤 그 위로 이건했던 것이다.

탐라가 유배지가 된 것은 그 역사가 길다. 탐라는 우리나라 역사상 유배지로서는 가장 적절한 곳이었다고 할 수 있기 때문이다. 유배지로서 무엇보다도 강조되는 것이 격리성에 있다. 왕경王京에서 멀리 떨어져 있거

나 바다로 차단되어 있어야 했다. 그런 가운데서도 멀고 험한 곳이 가장 선호되었던 것인데 탐라는 이러한 지역의 대명사로 불려졌다. 이러한 여건 때문에 탐라는 고려 후기 이래로 우리나라의 대표적 유배지로 부상하게 된 것이다.

기록에 의하면 제주에 유배가 시작된 것은 1343년 충혜왕 때부터라고 하는데, 왕의 총애를 믿고 왕지王旨를 꾸며 죄수를 놓아 주는 등의 죄로 유배 온 학선鶴仙을 시작으로 조득구趙得救, 종범宗範, 임군보任君輔 등이 제주에 유배되어 왔다. 그러나 고려 때의 유배인은 많은 사람이 온 것은 아니었으며 또 기간도 비교적 짧은 편이었다. 제주도가 우리나라의 대표적 유배지로 등장한 것은 조선 시대에 이르러, 특히 사화가 일어나기 시작한 연산군 이후의 일로 보아야 할 것이다. 그 대표적인 인물들은 이익李瀷, 광해군, 추사 김정희, 송시열과 같은 인물이라 하겠다.

조선 후기에 제주도로 유배되었던 사람들 중에는 왕족과 관리뿐만 아니라 내관, 심지어는 과거에서 부정이 적발된 자의 경우도 있었다. 관리들의 경우는 대부분이 을사사화, 갑술옥사, 신임사화, 탕평책에 대한 비판으로 국왕의 노여움 또는 정적의 탄핵으로 인하여 유배되었다. 이들 유배인들은 문신 출신의 학자로 적거謫居하는 동안 제주의 교육에도 많은 공헌을 하였다.

왕족이면서 제주도에 유배 온 광해군은 가장 애절한 유배생활을 한 인물이라 할 수 있다. 인조 14년(1636) 병자호란으로 인조가 청 태종에게 항복하자, 군신들은 강화도에 안치되어 있는 광해군을 제주로 옮길 것을 주장하여 다음해인 인조 15년 2월에 관인 5인을 수행하고 제주로 유배했다. 도중에 행선지를 알리지 못하도록 하여 사면을 휘장으로 가리워 제주에 도착하였는데, 그제서야 비로소 제주에 왔음을 안 광해군은 깜짝 놀라며 슬퍼하였다고 한다. 광해군은 제주에서의 처량한 심정을 다음과 같이 읊고 있다.

바람 불고 비 흩날리며 성 머리를 스쳐가니
장독의 기운과 답답한 음기는 백척 누대에 찼네
큰 바다 성난 물결이 저녁 으스름에 밀려오고

푸른 산에도 슬픈 기색은 맑은 가을에 들어있네
돌아가고픈 마음은 왕손초를 볼 적마다 괴롭고
나그네 꿈에서 서울을 보며 자주 놀라네
고국의 존망에 대한 소식이 끊기었으니
물 안개 서린 강 위로 외로운 배에 누워나 볼까.

광해군은 망경루 서쪽에 도망치지 못하도록 위리안치(圍籬安置 죄인이 귀양지에서 달아나지 못하도록 집 둘레에 가시로 울타리를 치고 그 안에 가두어 두던 일)되었는데 인조의 부탁을 받은 심연沈演 목사와 이시방 목사가 특별히 잘 돌보았다. 광해군은 제주에서 4년 4개월을 살다 인조 19년 7월, 67세의 나이로 위리 속에서 숨을 거두었다.

연북정은 조천성지 안에 있었는데, 성 안에는 조천관, 주방과 마굿간, 군기고 등이 있었고, 동성 위에는 연북정이 있었다. 조천진성은 둘레가 428자, 높이가 9자였으며, 삼면이 바다로 막혀서 한 곳만이 통할 수 있었다. 연북정은 곧 객사이며, 선조 23년 이옥 목사에 의해 성이 중창되면서 '변벽루'라 편액했던 것을, 선조 32년 성윤목 목사가 다시 중수하고 '변화정'으로 고쳐 편액하였다.

조천이란 말은 천자를 배알한다는 뜻이고, 관은 객사를 뜻한다. 관리의 주재, 숙박소인 것이다. 그리고 예로부터 조천관은 화북포와 함께 제주도의 관문이었다. 관문은 국경 또는 요해지에 설치되어 통행인을 감시하는 곳이다. 김상헌에 의하면, "살펴 보건대, 이 섬은 바로 남해 가운데 있어서 왕래하는 배가 북풍을 만나면 돌아오고 동풍을 만나면 출항

한다. 조천관은 바로 고을의 동북 경계에 있어 뭍으로 나가는 배들은 모두 관하 및 별도포에서 바람을 기다린다"고 하였다. 당시 조천관이 얼마나 중요한 역할을 하던 항구였던가를 잘 말해주는 대목이다.

세자의 신분에서 폐위 된 채 제주로 유배되어 한 많은 일생을 마감한 광해군이 그랬듯이, 제주에 유배온 사람들은 이 조천 연북정에 올라 북녘 땅에 계신 임금님으로부터 하해와 같은 은혜의 소식이 오게 되기를 얼마나 간곡히 기원했을까.

근처의 가볼만한 곳

함덕서우봉해변

제주도내 해수욕장에서 많은 관광객들이 방문하고 있는 해수욕장이 함덕해수욕장이다. 밤이면 고깃배들의 불빛이 아름답게 떠 있고, 해변을 끼고 도는 산책로의 가로등이 여름밤을 분위기 있게 장식한다. 해수욕장 동쪽에 앉아 있는 서우오름과 그 아래로 넓게 펼쳐진 잔디밭은 한여름을 식히기에 최적이다.

삼양동선사유적지

삼양동 선사유적三陽洞先史遺蹟은 사적 제416호로 지정된 문화재로 제주시 삼양 1동 토지구획정리지구에 위치하고 있다. 탐라국 형성기의 대단위 집자리 236기(원형 173기)를 비롯해 당시의 석축담장, 쓰레기 폐기장, 마을 외곽을 두르고 있던 도랑 유구 등이 확인되었다. 주거지 내부에서 토기와 석기, 그리고 철기, 청동기 등 다양한 유물이 출토된 대한민국 최대 규모의 대표적인 청동기, 철기시대의 유적지이다.

국립제주박물관

제주시 사라봉공원 부근에 제주 전통민가 형상으로 지어져 제주의 토착 역사 · 문화를 종합적으로 전시하는 역사박물관으로 2001년 6월 15일 개관하였다. 지하 1층 지상 2층 건물에 만 여 점의 유물이 소장되어 있다. 각 전시실은 개방적인 해양문화와 제주문화의 형성과정을 문화사 발전단계별로 볼 수 있도록 구성되어 있다.

바다의 표류자가 되어

산방산과 용머리해안

산방산은 제주도 남서쪽 안덕면 해안가에 위치해 있다. 산방산의 높이는 395m 정도이지만, 제주도의 주산인 한라산보다도 생성 시기가 빠른 화산이다. 그리고 산의 모양도 우리가 일반적으로 떠올리는 분화구가 있는 화산과는 모양이 다르다. 산방산은 용암이 폭발해서 형성된 화산이 아니라 점성이 강한 용암이 화구를 통해 밀려 올라와서 생겼기 때문에 분화구가 없는 형태를 띠고, 이런 화산을 용암원정구라하고 종상화산이라고도 부른다. 그래서 현무암 주상절리보다는 불규칙한 다각형의 주상절리를 볼 수 있다. 옛날 사냥꾼이 한라산에서 사슴을 쏘다가 잘못하여서 그만 옥황상제의 궁둥이를 맞추자 화가 난 옥황상제가 손에 잡히는 한라산 봉우리를 뽑아 던진 것이 이곳에 날아와 산방산이 되었고, 그 뽑힌 곳이 백록담이 되었다고 한다. 실제 백록담의 둘레와 산방산의 크기가 같다고 하니 참 신비스럽기도 하다.

산방굴사山房窟寺는 이름 그대로 산방산의 굴에 있는 절이다. 산방굴사는 인공으로 만들어진 굴이 아닌 해식海蝕에 의해 생겨난 천연 동굴이다. 즉, 해식 작용을 받은 후에 융기작용을 받았다는 얘기이다. 이 굴사는 고려시대의 고승 혜일 대덕이 거처하던 기원정사였다고 알려진다. 주차장에서 15분 정도를 계단으로 올라가야 한다. 남대문마냥 뻥 뚫린 굴 안에는 불상이 모셔져 있고 마시면 장수한다는 약수가 천정에서 뚝뚝 떨어진다. 여기에는 산방덕이라는 처녀의 애절한 전설이 깃들어 있으며, 굴 안의 천정에서 떨어지고 있는 이 물은 그녀가 흘리고 있는 눈물이라고 한다. 재미있는 일은 이 물을 마시면 장수한다고 하는데, 세 모금을 마시면 오년 더 살고 네 모금을 마시면 오년 감수한다고 하니 세 모금을 마시던 네 모금을 마시던 알아서들 하실 일이다. 산방굴에서 내려다 보는 해안 풍경은 영주 12경의 하나로 꼽힌다.

산방산의 줄기가 바다로 뻗어내려 용머리 언덕을 이루고 용의 비늘을 닮은 언덕 절벽 아래로는 푸른 바다가 넘실댄다. 용머리는 산방산의 줄기가 급히 바다로 뻗어 기암절벽을 이루고 있는 모양이 마치 용의 머리와 같다 해서 붙여진 이름이다. 용머리해안은 해안에서는 그 형태를 확인하기 어렵지만 산방굴사 쪽에서 바라보면 그 모양이 좀 더 분명해진

다. 목을 길게 빼고 이제 막 바다로 들어가려는 용의 머리가 눈에 들어온다. 용머리 해안은 용머리와 하용머리 입구에서 바다를 향해 계단을 따라 내려가면 만날 수 있다. 수천 만년동안 모진 파도에 부딪치며 사암층으로 만들어진 단층애斷層崖는 '용올레' '칼선도리' '창곰덕' '선돌' 등 다양한 이름이 붙여져 관광객들의 이목을 끌고 있다. 눈이 시리게 철썩이는 푸른 바다와 파도, 해안절벽을 따라 쭉 이어진 기기묘묘한 해안 절경은 신의 조화가 아니고는 만들어 낼 수 없는 광경이다. 대정에 귀양 와 있던 추사 김정희가 즐겨 찾았다는 이곳 용머리 해안 쪽에는 태풍으로 표류해 왔던 네델란드의 하멜표류기념비가 서 있다.

바람의 섬 제주는 오래 전부터 해상에서 폭풍으로 인해 표류자가 많았다. 배가 파도에 휩쓸려 바다를 떠도는 불귀의 객이 되기도 했다. 제주에서 뭍으로 나가면서 폭풍에 휩싸여 중국이나 일본을 표류해 가기도 했고, 외국인들이 파도에 떠밀려 제주에 표류해 오기도 했다. 그 대표적인 표류인이 네덜란드 사람인 헨드릭 하멜이다. 하멜은 1653년 정월 네덜란드를 출발하여 일본으로 향하는 도중 폭풍우에 밀려 배가 부서지고 8월 15일에 제주에 도착하게 된다. 하멜은 14년 동안 조선에 억류되다 일본으로 달아나 1668년 7월에 본국으로 돌아갔다. 그 뒤 하멜은 제주 표착과 조선에서의 억류과정, 그리고 당시 조선의 문물과 생활, 풍속 등을 기록해 『하멜표류기』를 썼다. 이 표류기는 조선을 유럽에 처음 소개한 책자라는 점에서 귀중한 역사적 자료로 알려져 있다. 한국국제문화협회와 주한네덜란드 대사관은 1980년 4월 한·네덜란드간의 우호증진과 하멜에 대한 공덕의 징표로 산방산 바로 앞 용머리 언덕에 하멜기념비를 세웠고, 남제주군(현재의 서귀포시)은 2003년 8월 하멜 제주표착 300주년을 기념해 하멜상선 전시관을 개관했다.

하멜이 제주에 표착한 것처럼 제주 사람들도 표류 끝에 낯선 땅에 떨어진 예가 수없이 많다. 주로 중국과 일본으로 떠내려갔으며, 베트남까지 떠내려갔다 돌아온 사람도 있다고 한다. 육지를 동경하며 살아가는 제주 사람들에게 표류는 숙명적인 것인지도 모른다. 제주 사람들의 표류 이야기는 정운경의 『탐라견문록』, 최부의 『표해기』 등에 잘 나타난다. 『표해기』는 최부가 제주도에 감사로 내려와 있다가 아버지가 돌아가셨다는 소식을 듣고 서둘러 서울로 돌아가다 제주 앞바다에서 폭풍을 만나 조난을 당한 이야기다. 표류 중인 배 위에서 이효지라는 제주 사람은 일기도 안 좋은데 서둘러 배를 띄울 것을 고집한 최부를 탓하며 다음과 같이 말한다.

우리 제주도는 아득히 바다 한가운데 떨어져 있어 소로로 구백여리나 되고 또 파도가 어느 바다보다도 더욱 사나워서 공물 실은 배와 장삿배가 끊임없이 표류하고 침몰하는 것이 열에 대여섯은 됩니다. 제주 사람으로서는 앞서다가 죽잖으면 반드시 뒤에 가다 죽습니다. 그러므로 제주도 경내에는 남자의 무덤은 매우 드물고 여염에는 여자가 남자의 세 배는 됩니다.

— 최부의 『표해기』에서

이효지의 말에는 험난한 바다를 떠돌며 풍전등화 같은 삶을 살아야 했던 제주도 사람들의 깊은 한이 서려 있다.

근처의 가볼만한 곳

안덕계곡

서귀포시 화순리에서 동쪽으로 2km쯤 가면 감산리 마을 일주도로가에 안덕계곡이 있다. 천연기념물 377호로 지정된 상록수림지대가 있어 구실잣밤나무, 참식나무, 후박나무 등의 오래된 나무가 서 있으며 수십 길의 벼랑이 병풍처럼 둘러 있다. 입구에서 폭포까지 들어가는 길이 운치있고 밤이면 불빛이 밝혀져 한결 분위기를 돋군다.

화순해수욕장

화순해수욕장은 서귀포시 안덕면 화순리에 위치하고 있으며, 이 해수욕장은 3만여평의 검은 모래밭이 펼쳐진 곳으로 주변에 천혜의 자연조건을 가지고 있다. 해수욕장의 모래는 검은 빛으로 부드럽고 고운 편이다.

중문관광단지

서귀포시 중문동에 있는 종합관광단지이다. 제주도 남쪽 해안가에 있는 관광위락 단지로서 사철 기후가 따뜻하고 높이 50~60m의 해안절벽과 고운 모래를 자랑하는 중문해수욕장이 있으며, 단지 안에는 선인장을 비롯하여 세계 각지의 식물을 전시해 놓은 여미지식물원, 해양수족관과 돌고래 · 바다사자 · 펭귄 등의 묘기를 볼 수 있는 퍼시픽랜드, 제주도의 전통 가옥과 어민들의 생활상 등을 재현한 민속마을, 천제연폭포 등의 다양한 자연과 볼거리를 갖춘 관광단지이다.

놀멍, 쉬멍, 걸으멍

제주올레

제주올레여행이 선풍적 인기를 끌고 있다. 제주올레는 지난해 삼성경제연구소가 선정한 '2009년도 히트상품' 8위에 오르기고 하고, 최근에는 한국관광공사가 실시한 설문조사에서 '가장 가고 싶은 가족여행지' 1위로 선정되기도 했다. 제주올레가 얼마나 빠른 기간 내에 열풍을 몰고 왔는지를 한눈에 알 수 있는 대목이다. 제주올레는 언론인 출신의 서명숙 씨가 스페인 산티아고 순례길에서의 체험을 바탕으로 2007년 '사단법인 제주올레'를 설립하여 현재까지 올레 16코스를 개발하였다.

원래 '올레'란 제주 주거 형태의 특징적인 구조로 인해 큰 길에서 집까지 이르는 골목길을 의미하는 제주 방언이다. 제주의 거친 바람으로부터 가옥을 보호하기 위해서 집 주변으로 돌담을 쌓았다. 그러나 돌담의 입구로 불어오는 바람을 막지 못하기 때문에 입구에서부터 제주에 많은 현무암을 쌓아 좁은 골목길을 만든 것이다.

제주올레는 높은 산을 등반할 때와 같은 체력적 부담을 벗어날 수 있다는 점에서 대중의 인기를 끌 수밖에 없다. 크게 오르락내리락 하지도 않고 하루에 걷는 거리도 평균 15-20km 정도다. 그나마 힘들면 중간에서 멈추었다가 다음날에 다시 시작해도 된다. 또 무거운 배낭을 짊어지고 갈 필요도 없다. 배낭에는 간단한 간식과 생수병 한두 개 정도면 충분하다. 일부 구간을 제외하고는 대부분 구간에서 중간에 휴게소나 식당이 있어 음식을 사먹을 수 있으므로 따로 음식을 싸갈 필요도 없다.

현대인들은 모두 콘크리트에 갇힌 삭막한 도시생활에 지쳐있다. 그래서 이 답답하고 인공적인 공간으로부터 탈피하여 호젓하고 조용한 자연 속의 길을 걷고 싶은 충동을 느끼게 된다. 사람들은 꾸밈없는 자연의 길을 찾아 걸으며 명상에 잠겨 마음의 상처도 치유하고 새로운 미래의 삶을 설계하기도 한다. 제주의 올레는 현대인의 이 같은 소망에 딱 들어맞는 역할을 해내게 된 것이다. 서귀포의 외돌개를 출발하여 법환포구를 경유해 월평포구까지 이어지는 올레7코스는 올레꾼들이 가장 사랑하고 아끼는 올레길로 알려져 있다. 사람들이 법석대는 외돌개를 지나 해안길을 따라서 10여분쯤 걸으면 해안올레는 문득 정적의 공간이 펼쳐진다. 바람 소리, 파도 소리만 남는다. 한두 사람이 겨우 지나칠 수 있는 좁다란 길에서 가족이나 친구, 혹은 혼자서 걷는 이들을 드문드문 만난다. 모두들 사색에 잠긴 표정들이다. 미운 사람, 화가 나는 일, 스트레스 등 답답한 마음은 자연 속에서 걸으면서 서서히 풀리게 된다. 자신을 돌아보며 더 많은 생각을 할 수 있고 잘못도 반성할 수 있게 된다. 해안올레를 걷는 사람들은 모두 인생과 자연에 대하여 명상하고 사색하는 철학자가 되고 시인이 되는 것이다.

제주올레의 가장 큰 장점은 무엇보다 빼어난 자연의 풍광을 접할 수 있다는 점이다. 올레1코스의 작고 아담한 시골 초등학교인 시흥초등학교에서 출발해 말미오름과 알오름에 오르면, 시원스레 펼쳐지는 성산 앞바다가 그림같이 펼쳐진다. 고삐조차 없는 말과 소가 풀을 뜯는 모습이 풀밭에서 여유로운 자연의 모습 그대로다. 한 고개를 올라서면 검푸른 성산포의 파도가 넘실대고 또 한 고개를 돌아서면 성산 일출봉과 우도, 들판과 바다를 한 눈에 볼 수 있다. 종달리 소금밭을 거쳐 시흥리 해안도로를 지나면 다시 또 성산 일출봉이 눈앞에 펼쳐지는 수마포 해변에 닿는다. 그곳에서 1코스 올레가 끝나는 광치기 해변의 물빛도 환상적이다. 오름과 바다를 함께 경험할 수 있는 그야말로 '오름 바당 올레'다. 세상에서 이보다 아름다운 풍경을 어디에서 볼 수 있을 것인가. 올레1코스에서 16코스까지는 제각각의 은밀한 속살을 우리들에게 보여준다.

실제 올레는 자연의 공간이되 사람의 숨결이 함께 하는 삶의 공간이기도 하다. 누구든지 특별한 장비를 준비함이 없이 쉽게 접근할 수 있어서인지 어린아이들에서부터 노인네들에 이르기까지 다양한 사람들이 올레를 걷는다. 접근성의 용이함 때문인지 올레엔 여성 올레꾼이 특히 많다. 혼자서 가벼운 차림으로 서귀포 앞바다 같이 경쾌한 발걸음을 재촉하는 아가씨, 삶의 의미를 두고 고민에 가득찬 채 무거운 발걸음을 걷고 있는 중년의 여인, 친구들끼리 혹은 딸과 엄마가 손잡고 쫄깃하게 말린 오징어를 씹으며 수다를 떨고 가는 길이 바로 올레이다. 어제 저녁은 무슨 음식을 어떻게 해먹었다느니, 오늘 아침 남편과 어떻게 다투었다느니 얘기를 하면서 바닷가를 걷는 여인들은 편안해 보였다. 그야말로 '놀멍, 쉬멍, 걸으멍'(놀면서, 쉬면서, 걸으면서)을 제주의 올레꾼들은 실천하는 듯

하다. 제주올레의 상징으로 '간세'(제주의 상징인 제주조랑말이 느릿느릿 걸어가는 모습)를 내세운 이유도 그 때문일 것이다. 간세는 천천히 걸으면서 잃어버렸던 마음의 평온을 되찾고 감춰져 있던 제주의 참모습을 깊이 있게 전달할 수 있다고 본 것이다. 그야말로 올레는 '느림의 미학'을 실천적으로 보여주고 있는 셈이다.

올레 중간중간의 가게와 식당들에서 맛보는 제주의 먹거리는 올레 여행길을 더욱 행복하게 한다. 제주에서만 잡히는 고기인 자리로 만든 물회를 나는 특히 좋아한다. 자리가 어느 곳에서 잡히느냐에 따라 육질이 다르듯이, 자리물회의 맛도 가는 곳마다 다르다. 올레 6코스의 보목리 앞바다에서 먹은 자리물회의 맛을 잊을 수 없다. 바다를 바로 앞에 두고 평상에 앉아 물회를 먹는다는 것은 도시에서는 상상도 할 수 없는 일이다. 눈으로는 푸른바다를 바라보고, 입으로는 새콤한 물회를 먹고, 귀로는 시원한 파도소리를 듣는 것을 상상만으로라도 즐겨보라.

이렇게 올레에서 하루를 보내면 제주의 역사와 자연, 사람과 음식을 모두 만날 수 있다. 그러나 올레를 걷다보면 장점만 보이는 것은 아니다. 무엇보다 흙길이 너무 적다는 점이다. 오름의 일부 구간을 제외하고는 거의 시멘트길이거나 아스팔트길이다. 정확히는 알 수 없으나 아마 전체구간의 절반이상이 아스팔트나 시멘트길이 아닌가 한다. 여기에는 물론 여러 이유가 있겠지만 올레의 많은 부분을 인위적으로 만든 때문일 것이다. 자연 상태의 흙길이나 풀 숲길을 상상하며 온 사람들은 이 부분에 적잖이 실망하게 된다. 실망할 정도일 뿐 아니라 딱딱한 시멘트 길을 몇 시간 걷다보면 발목에 무리를 주며 쉽게 피로를 느끼게 된다.

올레를 걸으면서 느끼게 되는 또 다른 문제점은 길이 자연스럽게 나 있지 않다는 점이다. 원래의 소중한 올레를 억지로 인위적으로 연결하다 보니 이 같은 문제가 생긴 것이 아닌가 한다. 오직 길이 서로 이어져야만 된다고 생각하고 그래야만 제주의 특색 있는 모습이 올레에 담길 수 있다는 생각을 하다 보니 길이 자연스럽지 못하게 연결되었다. 자연스럽지 않은 길의 진행방향을 알려주려 하다 보니 길의 표식 찾기가 어려웠다. 올레의 많은 부분이 시멘트 길이다 보니 표식이 길 바닥 혹은 길 가의 전신주에 걸려 있기도 하다. 아름다운 풍광에 취하다가도 길을 놓칠까 하는 두려움으로 항상 길 표식에 신경을 써야 하는 것이 안타까웠다.

세계여행이 일반화된 요즘인지라 세계의 유명 명승지의 곳곳에 한국 상품의 쓰레기가 가장 많이 발견된다는 기사를 보고 부끄러움을 느낀 적 있지만, 제주올레에도 곳곳에 벌써 많은 쓰레기가 보이고 그로 인한 환경오염도 우려되지 않을 수 없다. 새로운 올레를 개발하고 그곳을 방문하는 올레꾼들이 자연환경의 보존에도 각별히 신경을 써야 할 듯하다.

제주올레의 아름다운 길에는 사랑하는 자연이 있고 나와 우리가 있다. 이렇게 눈부시도록 아름다운 자연 속을 걸을 수 있다는 것은 얼마나 행복한 일인가.

근처의 가볼만한 곳

올레1코스

시흥~광치기 올레인데, 오름과 초원과 바다가 적절히 조화되어 있는 올레길이다. 코스 경로(총 15km, 5~6시간)는 시흥초등학교 – 말미오름 – 알오름 – 중산간도로 – 종달리 회관 – 목화휴게소 – 성산갑문 – 광치기해변이다.

올레7코스

외돌개~월평 올레인데, 시원한 바다와 확트인 경관을 자랑하는 곳이다. 코스 경로(총 15.1km, 4~5시간)는 외돌개 – 돔베낭길 – 펜션단지길 – 호근동 하수종말처리장 – 속골 – 수봉로 – 법환포구 – 두머니물 – 일강정 바당올레(서건도) – 제주풍림리조트 – 강정마을 올레 – 강정포구 – 알강정 – 월평포구이다.

올레10코스

화순~ 하모 올레 인데, 화순해수욕장과 용머리해안, 그리고 산방산 입구의 멋진 자연경관과 하멜상선전시관의 역사적 의미를 동시에 생각게 하는 곳이다. 코스 경로(총 14km, 4~5시간)는 화순선주협회사무실 – 화순해수욕장 – 퇴적암 지대 – 사구언덕 – 산방산 옆 해안 – 용머리 해안 – 산방연대 – 산방산 입구– 하멜상선전시관 – 사계포구– 사계해안체육공원 – 사계화석발견지 – 마라도 유람선 선착장 – 송악산입구 – 송악산 정상 – 송악산 소나무 숲 – 말 방목장 – 알뜨르 비행장 해안도로 – 하모 해수욕장이다.

오름의 바다에 누워
제주오름

설문대할망의 전설
물장오리오름

저 오름에 묻힐 수 있다면
용눈이오름

오름의 여왕
다랑쉬오름

바람 타는 섬의 갯쑥부쟁이
아부오름

오름의 왕자
거문오름

저 별과 같이
새별오름

제주의 허파
곶자왈

어머니의 품
한라산

4부 | 오름에서 왔다 오름으로 갈 것을

오름의 바다에 누워

제주오름

제주에는 무려 360여개의 크고 작은 오름이 있다. 한때 나는 이 제주의 오름 전체를 하나도 빠뜨리지 않고 다 올라보겠다는 야심찬 욕심을 가져본 적이 있다. 그러나 한편 생각해보면, 오름은 그렇게 욕심내며 오르는 것이 아니다. 저 멀리 떠나버린 첫사랑과 같은 아쉬움과 그리움의 마음이 가슴속에서 일렁일 때마다 하나씩 하나씩 꺼내 소중하게 올라야 한다. 산도 사람도 우리들에게 언제나 아쉬움과 그리움으로 남는다. 좋아하던 산을 힘들게 다 올랐을 때의 아쉬움, 정상을 마치고 뒤돌아서 내려갈 때의 아쉬움, 일상으로 돌아와서도 아름다웠던 산의 모습들을 다시 생각하는 그리움, 그 그리움 때문에 우리는 또 다시 산을 오른다. 정상은 언제나 아쉬움인 동시에 그리움이다. 이 같은 이치는 인간에게도 다를 게 없다. 만나면 무언가 아쉽고, 헤어지면 그립고….

'오름'이란 제주화산도상에 산재해 있는 기생화산구寄生火山丘를 말

한다. 즉, 오름의 어원은 자그마한 산을 말하는 제주 방언으로서 한라의 분화 이후에 만들어진 개개의 분화구를 갖고 있는 소화산체를 의미하고 있다. 다시 말하면, 분화구(굼부리)를 갖고 있고, 내용물이 화산쇄설물로 이루어져 있으며, 화산구의 형태를 갖추고 있는 것을 일컫는다. 기생화산 혹은 봉우리를 일컫는 제주 말인 오름은 '오르다'의 명사형이다. 또한 제주에서 오름은 신화에서 현실이 되었다. 제주오름은 제주섬을 만든 설화 속 인물인 설문대할망이 육지로 가는 다리를 놓으려고 흙을 치마폭에 담고 나르다 치마가 터진 곳으로 떨어져 나온 것이 오름이 되었다고 전한다.

오름의 외형을 이루고 있는 전체적인 형태는 크게 4가지로 구분하였다. 정상부에 말굽형 화구를 갖고 있는 오름, 원형화구를 갖고 있는 오름, 화구가 없는 원추형 화산체나 용암 원정구, 그리고 원형 화구와 말굽형 화구 및 원추형 화산체가 중복되어 존재하는 복합형 화산체로 나눌 수 있다. 368개 오름 중에는 말굽형 화구가 174개로 가장 많고, 그 다음이 원추형 화산체로 102개, 원형 화구를 갖는 화산체가 53개, 복합형 화산체가 39개라고 한다. 말굽형 화구를 갖고 있는 화산체는 제주도 중산간 지역에서 밀집 분포하고 있으며, 이는 화산체가 비교적 최근에 만들어진 것이라는 사실을 말해 주고 있다.

제주도내의 오름 중에는 한라산 정상의 백록담과 같이 산정상부에 화구호(火口湖, crater lake), 즉 화산의 분화구에 물이 괸 호수를 갖고 있는 오름이 아홉개 확인되었다. 이들 오름이 화구호를 형성하게 된 과정은 간단히 다음과 같이 요약할 수 있다. 화산이 폭발한 뒤 마그마가 흘러나와 분화구 가장자리에 쌓이면서 높은 담처럼 굳어져 움푹 파인 형태로 된 곳에 물이 괴어 형성된 호수를 말한다. 현재까지 화구호가 확인된 오름은 제주시의 물장오리, 어승생, 원당봉, 한림읍의 금오름, 세미소, 조천읍의 물찻오름, 남원읍의 사라오름, 물영아리, 동수악이다. 화구호가 잘 보존된 오름들은 주로 한라산 고지대에 분포하고 있으며, 특히 유명한 화구호는 사라오름, 물장오리, 물찻오름으로 이들 세개의 오름은 현재까지도 울창한 천연림 속에 숨겨진 채로 남아 신비스러운 비경을 연출하고 있다.

제주의 오름은 바깥에서 바라보면 밋밋한 동네의 야산을 바라보는 듯해서 별다른 느낌을 가질 수 없다. 그러나 정작 오름의 정상에 올라보면 하나같이 경이롭고도 독특한 풍경을 연출하며 보는 이의 감탄을 자아내게 한다. 오름에서 바라본 제주의 모습은 우리가 미처 발견하지 못한 또 다른 제주를 보여준다. 오름 정상에서 바라보는 주위에 산재해 있는 오름들의 군상, 움푹 패인 굼부리의 다양한 모습, 지상에서는 느낄 수 없었던 제주의 들판, 말과 소들이 뛰노는 목장지대, 사면이 바다임을 실감할 수 있는 제주의 해안선과 주위의 섬들, 오름을 오르는 사람들이 오름을 오르지 않을 수 없게 만드는 오름의 매력은 바로 여기에 있다.

오름은 여러 관점에서 접근할 수 있을 것이다. 오름을 올랐을 때 주위의 빼어난 경관을 한눈에 볼 수 있는 곳, 오름의 지질이나 지형 면에서 뛰어난 환경을 갖고 잇는 곳, 주변지역이나 오름이 역사적으로 전설적으로 유적탐방의 의미가 있는 곳, 오름군의 자체가 그 특성이 다양하여 여러 종류의 형태와 굼부리를 볼 수 있는 곳, 제주의 거미줄 같이 퍼져있는 중산간도로를 따라 드라이브를 즐기며 오름을 관망할 수 있는 곳 등등이 가야할 오름 선택의 중요한 기준이 될 것이다. 그런 맥락에서 오름을 처음 접하는 분들에게 추천하고 싶은 대표적인 오름은 제주시 주변 경관을 조망할 수 있는 어승생, 구좌읍과 성산읍, 표선면에 걸쳐 있는 오름군을 조망할 수 있는 높은오름과 다랑쉬오름, 오름 정상의 다양한 형태를 볼 수 있는 용눈이오름과 동거미오름, 산정화구호를 볼 수 있는 물찻오름과 물영아리오름, 복합화산체를 이루고 있는 도너리오름, 서쪽의 오름군을 조망할 수 있는 금오름, 서귀포와 중문 해안선을 조망할 수 있는 고근산과 군산 등을 들 수 있다.

특히 송당 지역에는 제주의 다른 어떤 지역보다 수많은 오름들이 병풍처럼 주위를 둘러싼 채 도열해 있다. 눈을 감고도 모습을 그릴 수 있는 그 오름들을 하나씩 헤아려본다. 다랑쉬, 아끈다랑쉬, 손자, 동거미, 좌보미, 백약이, 영주산, 높은오름, 멀리 보이는 돝오름, 더 멀리서는 오름의 황제같은 한라산이 엷은 구름을 휘감고 은근한 모습을 드러내고 있다.

땅 위에서, 하늘에서, 바다에서, 제주의 그 어느 곳에서 바라보아도 오름들은 도처에 여인의 젖가슴처럼 봉곳봉곳 솟아 있다. 제주사람들은 오름에서 태어나 오름에서 살다가 오름으로 돌아간다. 제주사람들에게 오름은 한라산만큼 제주 푸른바다만큼 소중한 삶의 기원이며 터전이며 귀착지이다.

● 근처의 가볼만한 곳 ●

사라오름

제주항 동녘 해변에 우뚝한 사라봉은 섬의 수문장이자 제주시의 상징적 존재이다. 아득한 옛날 이 품 자락에서 마을을 이루어 한때는 탐라국의 고도로서 오늘날까지 성장해 온 제주시의 역사가 올올이 새겨진 오름이다. 긴 뱃길의 손을 맨 먼저 반겨 주는 것도, 떠나는 이와 마지막 아쉬움을 나누는 것도 이 오름이었다. 시내 한 녘에 위치한 사라봉공원은 시민의 체력단련을 위한 각종 야외 시설이 마련돼 있고 알맞게 우거진 솔숲이 삼림욕에 한몫을 해준다.

도너리오름

서귀포시 안덕면에 위치해 있는 해발 439m의 복합형 기생화산이다. 오름 정상의 굼부리가 넓다고 하여 도너리오름이라고 불리게 되었다. 굼부리의 깊이는 약 50m이며 둥근 원형이고 둘레는 약 400m로 급경사를 이룬다. 정상에서는 산방산과 마라도까지 조망할 수 있다.

윗세오름

윗세오름은 크고 작은 봉우리 세 개가 연달아 있는데, 제일 위쪽에 있는 큰 오름을 붉은오름이라 하고, 가운데 있는 오름을 누운오름, 아래쪽에 있는 오름을 족은오름이라 한다. 윗세오름의 동북쪽에는 한라산정상과 백록담이 있다.

설문대할망의 전설

물장오리오름

설문대할망은 하늘나라 옥황상제의 딸로서 제주도를 창조한 여신이다. 천상계에서의 생활에 무료함을 느낀 할망은 바깥 세계가 어떻게 생겼는지 궁금하였다. 그래서 몰래 내려다보았더니 바깥 세계는 하늘과 땅이 온통 맞닿아 있어 답답하기 짝이 없는 곳이었다. 할망은 이 답답한 세계를 열어 놓아야겠다고 결심했다. 하늘과 땅을 두개로 쪼개어 한 손으로는 하늘을 떠받들고 다른 한 손으로는 땅을 힘차게 짓눌러 하늘과 땅을 분리시켰다. 할망이 마음대로 하늘과 땅을 분리한 사실에 대해 진노한 옥황상제는 그녀를 땅의 세계로 내쫓아 버렸다. 그녀는 급하게 내려오는 바람에 바깥 세계를 갈라놓을 때 퍼놓았던 흙만을 치마폭에 담고 인간 세상으로 내려오게 되었다.

인간 세상에 내려온 설문대할망이 맨 처음 한 일은 치마폭에 담고 온 흙을 내려놓는 일이었다. 사람 살기에 가장 좋은 곳을 골라 그 흙을 내려놓으니 그곳이 바로 제주도가 되었다. 또한 한라산 자리에 몇 번 쏟아 부어 오늘의 한라산을 만들었으며, 그 과정에서 치마의 터진 틈으로 흘러내린 흙이 여기저기 떨어져 360여개나 되는 오름이 되었다.

키가 엄청나게 컸던 설문대할망은 사람들에게 자신의 위용을 자랑하고 싶어했다. 철쭉이 지천으로 핀 봄날이었다. 할망은 큰 키 자랑을 하려고 물이 깊다고 소문난 제주시 용담동 바닷가 용연물에 들어갔다. 용연물은 겨우 발등에 닿을 뿐이었다. 그 다음에는 더 깊다고 하는 서귀포시 서홍리 지장샘물(홍릿물)에 들어가 보았다. 그곳에서는 겨우 무릎까지 물이 올라 왔다. 마지막으로 한라산의 물장오리 물이 깊다 하여 들어갔다. 물장오리 물은 터진 연못이라 그곳에 들어간 설문대 할망은 나오지를 못하고 영영 자취를 감추고 말았다. 그날따라 철쭉이 유난히도 오름을 붉게 물들이고 있었다고 한다.

인간의 삶은 이야기로 채워져 왔고 이야기로 아름답게 채색되어 왔다. 한국 사람들의 머릿속에 단군신화가 있듯이, 제주사람들은 설문대할망 이야기를 전승하면서 세계를 바라본다. 소위 '설화'를 통한 세계 인식이라 할 것인데, 제주사람들이 생각하는 세계는 제주도를 중심으로 시작된다. 제주를 중심으로 우도, 가파도, 마라도로, 그리고 제주 앞바다 관탈섬으로 이어지고, 이것은 더욱 확대되어 제주도를 중심으로 추자도까지 나아간다. 제주의 이야기를 전하는 사람들은 오늘날처럼 제주도를 한반도의 주변이 아니라 세계의 중심으로 파악하였다.

설문대할망의 전설이 담겨있는 물장오리는 한라산, 영실의 오백나한과 더불어 예로부터 섬사람들이 신성시 해 온 3대 성산의 하나로 여겨지는 오름이다. 물장오리에 대한 기록은 『신증동국여지승람』에 '장올악'으로 소개되고 있는데, "한라산 중턱에 있으며, 주州에서 36리다. 봉우리에는 못이 있다"고 하며 '창터진 물'이 있음을 말해준다. 반면 『탐라지』에서는 "봉우리가 4개이며 산 꼭대기에 용이 사는 못이 있는데, 직경이 50보나 되고 깊이는 알 수 없다"고 소개하고 있다. 물장오리 주변에는 북서쪽에 테역(제주잔디)밭으로 된 '테역장오리'가 있고, 남서쪽으로 숲 너머에 불이 난 적이 있다하여 '불칸디오름'이 있다. 또한 옛적에 삼신인三神人이 사냥을 했다는 전설이 있으며, 무사들이 활솜씨를 겨루었다는 데서 연유하여 붙여진 이름인 '쌀손장오리'가 있다. '쌀손'은 '활을 쏜'이라는 뜻으로, 쌀은 살(화살)의 제주방언이고, '쏜'은 쏘다 (射)의 옛말인 제주방언으로 남아 있는 '소다'의 활용형이다. 장오리는 봉우리가 우뚝 솟아 있는 모양을 말한다.

물장오리는 제주시 봉개동에 있는 분화구호, 해발 937m, 비고는 120m로 한숨에 오르기에는 벅찬 오름이다. 능선마다 조릿대가 무성하여 해가 중천에 떠 있는데도 이슬이 다 떨어지지 않아 옷이 젖는다. 조그만 계곡을 따라 걷다보면 조릿대가 허리 위를 건드린다.

테역장오리를 지나도록 안개가 자욱한 숲길의 나무와 새들은 습기를 잔뜩 머금은 채 나를 반긴다. 바스락 바스락 발자국 소리와 조릿대의 사각거리는 소리가 정적을 깨뜨리며 안개 숲을 흔들어 놓는다. 한 치의 앞길을 쉽게 보여주지 않고 있지만 다가갈수록 새로운 모습으로 전개되는 안개 숲은 우리의 인생길과 같다. 숲의 안개는 나날이 고달프고 힘든 삶 속에서도 또 내일을 살아가야 하는 인생과 같이 나에게 다가오라고 손짓한다. 설문대할망이 기다리는 물장오리로 가는 길은 원시림으로 우거져 나아가기가 쉽지 않았다. 그러나 안개 속에서 기다리고 있는 한줌의 햇살을 찾아가듯이, 원시림 숲길을 헤쳐 나갔다.

이곳에 오르려면 며칠 전부터 몸과 마음을 정결하게 지녀야 하며, 혹시 일행 중에도 전날 밤 술을 마시거나 성행위를 한 사람이 끼여 있으면 짙은 안개가 덮쳐 산정의 호수가 모습을 감춰 버린다고 전해진다. 청정한 심신으로 올라와서 제물을 올리고 운무가 일지 않으면 축원이 이루어져 호수를 볼 수 있다고 믿고 있다. 호수의 입구에 이르니 박새가 새싹을 내밀어 온 세상이 초록의 물결이다. 조릿대가 자라지 않는 부분은 박새의 군락이다. 봄이 되면서 야생화도 드문드문 보인다. 새우란도 가끔씩 눈에 띄는 것이 여름이 되면 더욱 아름다운 모습을 보여줄 듯 하다. 물장오리는 자신의 모습을 쉽게 보여주지 않았다. 안개 가득한 습지 가까이에서 한동안 그림자만으로 다가왔다 멀어진다. 안개 깊은 물장오리

속에 있는 설문대할망이 자신의 모습을 보여주기 싫어서 일까. 아니면 어젯밤 마신 술기운이 남은 상태로 물장오리를 찾은 나그네의 불경함을 꾸짖는 것인가.

원시림 속의 산정호수를 바라보고 있을 때의 아름다움과 신비로움은 주변에 정리가 되지 않은 건축물들로 인해 금세 사라지고 만다. 아무렇게나 놓여진 시멘트구조물과 인근의 개발 사업으로 물을 끌어다 썼던 흔적이 보이고 아직도 쇠파이프가 노출되어 있다. 자연의 순수한 아름다움은 어디서나 무차별하게 이루어진 개발의 흔적에 의해 파손된다. 호수의 주위를 걷다보면 정적을 깨트리고 나타난 불청객에 놀란 듯 줄을 지어서 있던 개구리들이 하나둘 씩 물속으로 뛰어든다. 하기야 자연 속에서는 나도 불청객이고 오염된 문명의 산물이다. 그래서 개구리들이 놀라 저리 물속으로 뛰어드는 것이 아닌가.

한국에서 개최되는 람사르총회를 앞두고 물장오리 습지가 람사르 습지로 등록됐다고 한다. 2006년 남원읍 수망리 물영아리오름 습지에 이어 물장오리까지 국제적인 습지로 인정받게 되었다. 앞으로 이 고요하고 신비로운 오름이 보존과 개발이라는 이름으로 얼마나 파괴될지 걱정이 앞선다. 추운 한겨울을 이겨내고 여기저기 어여쁘게 피어난 복수초들도 앞날이 걱정된다는듯 몸을 떨고 있다.

하늘나라에서 내려와 땅끝으로 사라진 설문대할망을 만나러 나선 물장오리에서 할망은 만나지 못하고, 할망이 빠진 물장오리 굼부리 물에 손만 씻고 돌아섰다.

근처의 가볼만한 곳

쌀손장오리

이 오름은 물장오리 남서쪽 계곡과 숲을 지나 3km에 위치한다. 행정구역상 아라동에 속하고, 표고 913m, 비고 102m로 정상은 완만한 등성마루로 말굽형 굼부리를 형성한다. 이 오름의 유래를 보면 '쌀손'은 '활을 쏘아 사냥하는 장소'이라는 의미이다. 제주 방언으로 '살'은 화살을 말하며, '손'은 쏘다射라는 의미이다.

불칸디오름

제주 방언으로 '불칸디'란 '불탄데'를 의미한다. 불칸디오름은 이 지역에 불타는 일이 있다는데서 유래한 것이다. 한자명은 화장올火長兀, 화죽불탄대악火竹佛呑大岳 등으로 표기한다. 쌀손장오리 남서쪽에 위치하며, 쌀손장오리 동쪽에 있는 물장오리 남쪽에서는 1km 정도 떨어져 있다.

테역장오리

장오리라 하면 봉우리가 우뚝 솟아 있는 모양을 의미한다. 테역장오리의 '테역'은 잔디의 제주방언인데 주변에 잔디 많은 장오리를 의미한다. 보통 '장오리' 하면 화구호가 있어 성소聖所로 유명한 물장오리水長兀만을 지칭하지만, 원래는 물장오리, 테역장오리, 쌀손장오리, 불칸디오름 등을 말한다. 한자명은 초장올草長兀로 표기한다.

저 오름에 묻힐 수 있다면

용눈이오름

제주사람들은 인간은 오름에서 태어나서 오름으로 돌아가 묻힌다고 생각한다. 제주의 오름 정상에는 어김없이 여러 개의 무덤이 있다. 왜 굳이 오름에다 무덤을 쓰는지는 알 수 없으나, 사람들은 오름을 정신적으로 여겨서 오름에서의 죽음을 삶의 완결로 인식하고 있다는 것을 느낄 수 있다. 영혼이 떠난 육신이 자리하는 곳은 이승에서 자신이 서 있던 바로 그 자리이기 때문이다.

표고 248미터의 남북으로 비스듬히 누운 용눈이오름은 부챗살 모양으로 여러 가닥의 등성이가 흘러내려 기이한 경관을 빚어내고 있다. 등성이마다 왕릉 같은 새끼봉우리가 봉긋봉긋하고 오름의 형세가 용들이 놀고 있는 모습이라는 데서 '용논이龍遊' 또는 마치 용이 누워있는 형태라는 데서 '용눈이龍臥'라고 했다고 한다. 오늘날의 지도에는 '용와악龍臥岳'으로 표기하고 있으나, 원래 이름은 '용논이오름' 또는 '용눈이오름'이다.

'용눈이오름'이라는 커다란 표지석을 뒤로 하고 오름을 오르기 시작하다 보면, 오름 초입에서 어김없이 산담을 만난다. 용눈이오름 입구 양지바른 곳에는 네모난 돌담을 두른 무덤이 유별나게 많다. 제주의 어디서나 볼 수 있는 것이 돌담이다. 집에는 집담, 밭에는 밭담, 산소에는 산담이 있다. 모두 숭숭 구멍이 뚫린 현무암 덩이들을 얼기설기 쌓고 포개어 담으로 지어 놓은 것이다. 숱한 역사의 바람을 겪은 제주 사람들의 투박하면서도 옹골찬 얼굴 같은 그 돌들을 쌓아 이룬 담, 이 중에서도 산담은 무덤 주위를 돌로 쌓아 정방형으로 둘러친 담을 말한다. 원래 산담은 방목을 많이 하고 있는 제주 사람들의 생활 방편에 따라 가축들로부터 무덤을 보호하기 위해서 혹은 산불의 피해로부터 무덤을 보호하기 위해서 쌓았다고 하지만, 밭담이 그랬던 것처럼 무덤 자리에도 지천으로 있는 돌들을 처리하기 위한 수단으로 담을 쌓기 시작했던 것이라고 한다.

그러나 그보다 더 큰 이유는 무덤 주위에 담을 쌓으면서 영성을 부여하여 영혼의 집인 무덤을 보호하는 울타리로 생각하게 되었기 때문이라 한다. 울타리가 튼튼하면 영혼이 잘 지켜질 것이라 생각하고 튼실하게 잘 쌓으려고 애썼을 것이다. 지난날에는 '신문神門'이라고 하여 무덤의 한 쪽을 조금 틔어 영혼이 드나드는 문으로 삼았는데, 지금은 산담에서 신문이 거의 보이지 않는다. 과학이 발달하면서 영적인 존재에 대한 믿음이 갈수록 사라져 가기 때문일까. 거슬릴 것 없는 자연스러운 어우러짐이 산담에 뚫린 바람구멍처럼 자연스럽다. 무덤을 덮고 있는 새하얀 여린 억

새들도 솜이불처럼 안온해 보인다. 용눈이오름 가는 길, 산담 안에 누운 무덤 봉우리들이 이곳에서는 유난히 평온해 보이는 까닭도 그 때문일 것이다. 오름으로 가는 길엔 어김없이 산담이 자리를 지키고 있다. 제주오름에선 삶과 죽음이 이렇게 한데 어우러져 있는 것이다.

오름의 동쪽 비탈은 남동쪽으로 얕게 벌어진 말굽형을 이루고, 남서쪽 비탈이 흘러내린 곳엔 곱다랗게 생긴 알오름이 딸려 있다. 오름 위에는 굼부리가 있고 그 둘레에는 큰 덩치의 세 봉우리가 둘러서 있는데 북동쪽의 것이 가장 높다. 오름 기슭에는 용암 부스러기로 이루어진 언덕이 펼쳐져 있다. 이 오름의 용암은 비교적 가까운 시기에 분출된 용암으로 판단되고 있다. 오름의 전사면은 잔디와 함께 풀밭을 이루는 아름답고 전형적인 제주오름의 모습이다. 오름 대부분이 연초록 양탄자를 깔아 놓은 듯한 풀밭으로 이루어져 있다. 오름을 오르노라면, 능선 너머 주위의 오름들이 나타났다 사라지고, 사라졌다 다시 나타나는 것을 볼 수 있다. 손지오름, 동거미오름, 높은오름, 다랑쉬오름, 아끈다랑쉬오름, 윤드리오름…. 하나 하나 모습을 드러내는 주위의 오름들과 저 멀리서 이들을 아우르는 한라산의 산세가 아득하다.

오름을 오르다 보면 한가롭게 풀을 뜯는 말과 소들을 볼 수 있다. 그들을 바라보면 오름은 그 자체만으로 존재하는 것이 아니라는 것을 알 수 있다. 제주사람들은 오름을 터전으로 생을 일궜다. 오름 자락에서 밭을 일궜고 말과 소를 키웠다. 산 자들은 날마다 죽은 자의 자리를 확인하고, 말과 소들은 죽은 자의 거처에 핀 풀을 뜯으며 생명을 이어간다. 삶과 죽음을 구별 짓는 확연한 경계가 일상과 생활의 한가운데에 있다는 것은 역설이다. 그 속을 바람이 지나고 사람이 지나고 말이 지나간다. 또한 미나리아재비, 할미꽃, 꽃향유 등이 활짝 피어 나그네를 반긴다.

오름 저 아래 마을이 보인다. 내가 떠나온 곳이고 다시 돌아가야 할 곳이다. 멀리 보이는 성산 앞바다가 햇빛을 받아 반짝인다. 용눈이오름에서는 모든 존재가 살아 반짝인다. 신이 인간에게 보여줄 수 있는 가장 아름다운 곡선을 그려내며 교태롭게 누워있는 용눈이오름, 억새에 뒤덮여 은빛으로 반짝이는 들판, 풍만한 모습으로 여기저기 여인의 신비한 젖가슴같이 솟아 있는 수많은 오름들… 그래서 이곳 용눈이오름에서는 수많은 사진작가들이 이런 장면을 담기 위해 세월을 삼키며 기다리고 기다렸다.

오름은 산 사람뿐 아니라 죽은 이들의 몸도 넉넉하게 받아줬다. 제주사람들은 죽으면 오름에 몸을 묻었다. 오름은 제주사람들이 태어나 평생을 기대어 살던 '삶의 장소' 이며, 그리고 묻히게 되는 '죽음의 장소' 인 셈이다. 그래서 사람들은 소망한다, 저 오름에 묻힐 수 있다면--.

살아서 무더웠던 사람
죽어서 시원 하라고
산꼭대기에 묻었다

살아서 술 좋아하던 사람
죽어서 바다에 취하라고
섬 꼭대기에 묻었다.

살아서 가난했던 사람
죽어서 실컷 먹으라고
보리밭에 묻었다

살아서 그리웠던 사람
죽어서 찾아가라고
짚신 두 짝 놔두었다.

— 이생진의 '섬 묘지'에서

근처의 가볼만한 곳

백약이오름

이 오름은 백 가지 약초가 있다 하여 백약이오름 이라 한다. 한자명은 백약악白藥岳, 백약산白藥山, 백약봉白藥峯 등으로 표기한다. 서귀포시 표선면 성읍리에 위치해 있으며 분화구의 등성이는 운동장처럼 넓게 펼쳐진 잔디가 곱게 깔려져 있고 오름의 남서사면 기슭에는 삼나무로 조성된 숲이 50m 가량 둘러쳐져 있다.

동거문오름

오름사면이 둥그렇고 층층이 언덕으로 형성되어 사방으로 펼쳐진 모습이 마치 거미집 모양같다해서 동거문오름이라 하게 되었다. 실제 이 오름은 여러 개의 화구구가 연결되어 있어 거미형태를 띠고 있다. 마을 사람들은 조천읍 선흘리에 있는 거문오름(서거문오름)과 구분하기 위하여 동거문오름 혹은 동검은오름이라 불렀다. 구좌읍 종달리에 위치해 있으며 한자명은 동거문악東巨文岳, 동거내악東巨內岳, 주악蛛岳 등으로 표기한다.

손지오름

산모양이 한라산과 유사한 형태로서 한라산의 손자로 비유하여 손자봉, 손지오름 등으로 부른다. 한자명은 손자봉孫子峰, 손악孫岳, 손지악孫枝岳 등으로 표기되어 있다. 오름의 경사면은 풀밭이고 X자 형태로 삼나무가 식재되어 있어 독특한 모양을 하고 있다. 특히 봄철이 되면 야생화가 많이 자라는 오름으로 알려져 있다.

오름의 여왕

다랑쉬오름

조선 중기의 문인으로서 정치권력과 인연을 맺었던 윤선도尹善道는 벼슬을 포기하고 낙향해, 산과 돌과 꽃, 그리고 앞산에 떠오른 달에 빠져 안빈낙도 하는 모습을 '오우가'라는 시에서 이렇게 노래한다. "내 버디 몇이나 하니 수석과 송죽이라./동산에 달 오르니 긔 더욱 반갑고야/두어라, 이 다섯 밖에 더하여 무엇하리." 동서양의 문학사에 보면 이런 사람들이 한둘이 아니다. '본연의 자연으로 돌아가라'고 외치며 향촌해서 스스로를 유폐한 도연명陶淵明, 프랑스 혁명의 신념인 인간해방의 열망에 심취해 낙향한 워즈워드W. Wordsworth를 비롯한 영국 낭만주의 시인들이 그들이다.

제주의 한라산에 보름달이 창연하게 떠오른 날 밤, 오름 동산에 올라보면 그곳에 보름달이 걸쳐 기막힌 풍경을 연출하고 있다. 다랑쉬오름에 올라 찬연하게 떠오르는 보름달을 바라보면, 윤선도가 노래한 오우

伍友에 수석, 송죽과 함께 동산에 떠오른 달을 꼽은 이유를 짐작할 수 있게 된다.

다랑쉬오름의 지명 '다랑쉬'는 고구려어인 '달수리'(달-높다, 수리-봉峰)에서 변화된 것으로 높은 봉우리라는 뜻이며, 또 다른 의미로 산봉우리의 분화구가 마치 달처럼 둥글게 보인다하여 다랑쉬라고도 한다. 한자식 표현으로는 '월랑봉月郎峰'이라고 표현한다. 송당리 주민들은 "저 둥그런 굼부리에서 쟁반같은 보름달이 솟아오르는 달맞이는 송당리에서가 아니면 맛볼 수 없다"고 자랑한다. 높이는 382.4m 밖에 되지 않지만 분화구의 깊이는 115m에 이르며, 분화구를 따라서 도는 길은 1500m정도이다. 멀리서 보면 다소곳한 여인의 치마폭처럼 근사한 자태를 뽐내는 모습을 볼 수 있다. 그 흐트러짐 없는 균형미는 다른 오름에서는 찾아보기 힘들며, 분화구를 두고 떠오르는 달을 맞이하는 것은 다랑쉬 오름에서 보는 최고의 절경 중 하나이다. 그래서 다랑쉬오름을 '제주오름의 여왕'이라고 칭한다. 또한 이곳에서 맞이하는 일출과 일몰 또한 너무나 근사해서 사진작가들의 출사대상의 장소이다. 이 특이하고 독특한 풍경은 제주가 아니면 도저히 찾아보기도 힘들뿐더러 제주에 온 이상 반드시 봐야 하는 곳이다. 몇 년 전까지만 해도 등산로가 없어 흙길을 미끄러져가며 걸었는데, 이제 가파른 동쪽으로 사람들이 많이 다니는 코스로는 고무매트를 깔아놓은 인공적인 길이 만들어져 있다. 등산로의 초입은 삼나무 숲을 가로질러 나무계단을 놓아 한 계단 두 계단을 세며 오르는 즐거움과 오르면서 마주치는 등산객들과의 정겨움도 우러난다.

다랑쉬 오름을 힘들게 오르면 세찬 바람이 밀려온다. 때로는 서 있기 힘들 정도로 바람이 부는데, 이 바람을 맞으면서 돌아보면 멀리 성산일출봉부터, 한라산까지 보이는 멋진 풍광이 펼쳐진다. 그리고 주변에 크고 작은 오름들이 자태를 뽐내며 여기저기 솟아 있다. 용눈이오름, 손지오름, 아끈다랑쉬오름, 높은오름 등 저마다 다른 모습으로 각각의 사연들을 분화구 속에 담고 있는 듯하다. 분화구 정상에 올라서면 불현듯 초록의 평원이 선명히 모습을 드러낸다. 분화구의 깊이는 115m로 비록 작은 오름에 불과하지만 이 분화구의 규모는 한라산의 백록담과 거의 비슷하다. 그 옛날 시뻘건 거친 불길을 내뿜었을 화구는 언제 그랬느냐는 듯 진초록 생명의 빛으로 가득하다.

다랑쉬오름에 오르는 사람들은 오름의 아름다움을 말하지만, 다랑쉬 오름의 깊은 역사를 아는 사람들은 이곳의 슬픔을 말한다. 다랑쉬 사람들은 아직도 다랑쉬 마을에서 어떤 사람들이 얼마만큼 많이 희생됐고, 그 학살터는 어디였다는 이야기를 나눈다. 이들의 이야기를 들으며 능선을 걷는 마음은 무겁기만 하다. 산 아래 다랑쉬 굴에서 원망과 통곡의 소리가 흘러나올 것 같은 생각이 들면, 아름다운 화구의 길이 비극의 길과 같이 보인다. 그래서 오름의 정상에선, 아름다워야 할 능선이 죽음의 경계선으로 여겨진다. 다랑쉬오름 정상에서 바라보는 일출봉이 희망이고 기다림이라지만, 비극적 전설같이 보이기도 한다. 오름에서 태어나 오름에서 죽는 것을 신성한 삶으로 여기는 제주사람들이 이렇게 아름다운 오름에서 수많은 세월이 지난 아직도 분노가 노도처럼 일고 있으니 산 아래 마을에서 살아가고 있는 사람들의 심정이 어떠할까.

다랑쉬오름 아래에는 '잃어버린 마을'이 있다. 다랑쉬마을에는 20여 가구의 사람들이 옹기종기 정답게 살고 있었는데, 4·3 사건 중에 군·경 토벌대에 의해 마을이 초토화되는 불상사가 생겼다. 4·3 당시 유격대와 주민의 연계를 끊기 위해 토벌대가 마을 전체를 불태워 폐허가 되었다 한다. 다랑쉬마을에서의 참혹한 학살은 그 후 44년이 지난 1992년에 시신 11구가 그대로 남아있는 다랑쉬굴이 발견되면서 널리 알려지게 되었다. 처참한 다랑쉬굴이 공개됐을 때 사람들은 끓는 피로 울분을 터트렸다. 그러나 굴에 갇혀 있었던 시신은 발굴 직후 당국에 의해 화장되어 바다에 뿌려졌으며, 현재 다랑쉬굴 입구는 굳게 폐쇄되어져 있다. 지금은 폐촌이 되어버린 다랑쉬마을에는 여러 곳에 집터, 돌담, 우물터 만에 쓸쓸하게 남아있다. 마을 입구에 서있는 늙은 팽나무는 이 슬픈 역사의 사연

을 침묵으로 간직하며 묵묵히 서 있다.

날아 올라라
날아 올라라

가장 아름다우나
가장 슬픈 오름
그 슬픔 응어리져
가시와 억새풀의

억센 바람

하늘 끌어안은
깊고 높은 웅덩이
오십 년을 내내

굴 속에 갇혔다가
어둠에 묻혔다가

불꽃으로 날아라
별떨기로 날아라

— 배경숙의 '다랑쉬'에서

참혹한 역사의 흔적을 아는지 모르는지 다랑쉬오름은 주위의 아름다운 생태와 어우러지며 아름다움을 한껏 발산하고 있다. 봄에 남들과 같이 피지 못하고 드물게 가을에 피어 있는 제비꽃을 보면 가을은 더욱 쓸쓸해진다. 건너편 아끈다랑쉬오름의 억새 물결 속에 그 쓸쓸함을 던져 버렸다.

● 근처의 가볼만한 곳 ●

아끈다랑쉬오름

새끼다랑쉬오름, 아진다랑쉬오름, 소월낭악小月朗岳 등 여러 별칭이 있다. 높이 198m, 둘레 1,454m 최고 높이와 최저 높이의 차는 58m이다. 오름 정상부에 둥그런 모양의 분화구가 있는데, 둘레가 약 600m인 분화구 안에 넓은 억새밭이 있는 가을에는 하늘대는 억새가 일품이다.

만장굴

1962년 12월 3일 김녕사굴과 함께 천연기념물 제98호로 지정되었다. 제주에는 화산 용암의 침하운동으로 생성된 천연동굴이 많은데, 만장굴도 그 중의 하나로 석주石柱 · 종유석鍾乳石 등이 장관을 이루어 총길이 8,928m, 폭 2~23m, 천정높이 2~30m동굴 내부의 규모는 세계적이다.

높은오름

구좌읍 송당리 중앙부에 위치하여 당오름에서 보면 높게 보인다는데서 유래된 것이다. 이 오름은 당오름에서 보면 주변의 30여개 오름들보다 높이가 유별나게 높다. 이 오름의 한자명은 고악高岳으로 표기한다.

바람 타는 섬의 갯쑥부쟁이

아부오름

제주도의 많은 오름들 중에서 정상까지 가장 쉽게 갈 수 있으면서도 정상에 올라 가장 웅장한 분화구를 볼 수 있는 오름은 아마도 아부오름일 것이다. 송당마을과 당오름의 앞(남쪽)에 있는 오름이라 하여 앞오름 혹은 전악前岳이라고도 불리는데, 아부오름으로 더 잘 알려져 있다. 평평하게 펼쳐진 넉넉한 모습이 아버지를 닮았다 해서 버금아亞에 아비부父를 써서 아부오름亞父岳이 되었다고 한다. 그러나 아버지를 닮았다 해서 아부오름이라 불렸다면, 제주방언의 아버지라는 의미인 아방오름으로 불렸을 것이 아닌가 하는 생각이 든다.

이 오름은 전 사면이 완만한 경사를 이루는 가운데 바깥둘레가 약 1,400m, 바닥둘레가 500m에 이르는 크고 넓은 원형의 대형 분화구가 있고, 이 화구는 깊이가 78m로 오름 자체의 높이(51m)보다 더 깊이 패어 들어가 있어 화구 안쪽사면이 바깥사면에 비해 훨씬 가파르고 긴 양상을 띤다. 오름 전 사면은 풀밭과 초지로 이루어져 있고, 화구 안에는 줄띠를 두른 것 같은 모양으로 삼나무가 조림되어 구획되어 있다. 일부에는 상수리나무, 보리수나무, 군데군데 청미레덩굴, 찔레덤불이 우거져 있고, 우리나라에서는 제주도의 동부지역과 황해도 이북에만 자라는 피뿌리 풀이 여기 저기 보인다. 아부오름 분화구는 주화산인 백록담 보다도 큰 분화구여서 오름 정상에 서면 외륜이 흡사 거대한 원형경기장처럼 펼쳐지고 탁 트인 시원한 전망이 일품이다. 오름 입구는 개인의 목장이라 철망으로 울타리가 둘러쳐 있어 몸을 숙여 들어가야 하는 옹색함을 연출해야 하지만, 채 10분도 걸리지 않아 정상에 이르면 어떻게 이런 절경이 펼쳐질 수 있는가 하고 놀랄 뿐이다.

정상 근처에서는 개민들레와 갯쑥부쟁이가 아름답게 피어나 봄바람에 한들대며 나그네를 유혹한다. 개민들레는 미국의 사료에 섞여 들어

온 수입종 꽃이다. 온 산을 노랗게 물들이며 피어 예쁘긴 하지만 토종민들레에 비해서 번식력이 강하고 다른 식물이 자라지 못하도록 방해를 한다. 이상하게도 '개' 자가 들어간 꽃들은 비하시킨 꽃들인데도 모두 예쁘다. 개나리, 개별꽃, 개망초 등이 그러하다. 개민들레도 마찬가지이다. 언제부터인가 봄이 오면 산과 들, 길가에 지천으로 노란 그리움을 살랑대며 개민들레는 피어난다. 그래서 제주 오름의 많은 곳은 개민들레의 노란색으로 둘러싸여 장관을 이루게 된다.

갯쑥부쟁이는 그렇게 뛰어난 아름다움을 지닌 꽃이 아니어서 길섶에 핀 모습을 보면 꽃이라 하기에 초라한 감이 드는 꽃이다. 얼핏 계란꽃이라도 불리우는 개망초와도 닮아있다. 그러나 길섶에 초라하게 핀 갯쑥부쟁이 꽃도 그 존재의 의미는 치열하게 살아있다. 그래서 갯쑥부쟁이 꽃을 보고 있으면 제주 잠녀(해녀)들을 떠올리게 된다. 일제강점기 제주 잠녀들은 '소로 못나면 여자로 나고, 여자 중에 제일 불쌍한 것이 우리 잠녀들이우다' 라는 말을 할 정도로 비참한 삶을 살았지만 그들은 힘을 모아 아무도 함부로 할 수 없는 항일 투쟁을 한 것이다. 어느 시인은 아부오름에서 본 갯쑥부쟁이 꽃을 제주 잠녀들에 견주어 이렇게 노래한다.

> 바람 타는 섬
> 바람 아래 사는 꽃
> 너를 보면 눈물 나
> 키는 몰라도 뿌리는 알아
> 바람 아래 살아도 꽃은 알아
> 낮지만 환하게 피는 꽃
>
> —안상학의 '아부오름 갯쑥부쟁이' 에서

아부오름이 사람들에게 널리 알려지게 된 것은 '이재수의 난'이라는 영화 덕분이다. 이 분화구 한가운데의 삼나무 울타리 안에 영화세트장을 만들어 '이재수의 난'이란 영화를 찍었던 것이다. 이 영화는 여기저기 허술함이 많은 영화였지만 아무튼 이 영화 이후로 아부오름이 더욱 유명해졌다. 서양의 힘이 동쪽으로 밀려오던 이른바 서세동점의 시기라 서양선교사를 등에 업고 봉세관(세금을 거두는 관리)과 결탁한 천주교도들의 발호에 맞서 제주의 서남쪽 끝 마을인 대정에서 시작된 것이 이재수의 난이다. 조선시대 귀양을 온 사람은 주로 대정에 안치되었는데 그 여파인지 혹은 우연의 일치인지 대부분의 민란은 대정읍이 시발지가 된다. 고종 시절 대정관아의 통인通引이었던 이재수는 바로 이곳에서 이재수의 난이라는 민중봉기를 일으키게 된다. 사실 이재수가 처음부터 난의 주동이었던 건 아니다. 처음에는 난이 아니라 집단 항의 정도에서 시작되었다가 관(혹은 천주교측)의 과잉대응으로 무장봉기로 치닫게 되면서 관노출신인 이재수가 지도자가 된다. 처음엔 외래 세력과 토착세력과의 마찰에서 시작되었을 것이나 정작 유혈화하면서 민중봉기의 성격으로 나아갔던 것이다.

지금은 천주교의 성지가 된 황사평을 휩쓸고 제주읍성까지 접수하여 천주교도를 처형하지만 결국 프랑스 군함과 육지에서 관군이 파견되어 난은 진압되고 이재수는 참수된다. 이재수의 3일 천하는 관군의 원병援兵으로 끝났다. 의군들이 제주읍성으로 진입하기위해 힘겨운 싸움을 할 때, 관군과 의군들 사이의 전투에서 가장 중요한 역할을 한 사람들은 바로 부녀자들, 특히 제주의 잠녀들이었다고 한다. 한국 역사에 여자들이 적극적으로 나서서 일어난 민란은 없었는데 제주 민란의 해녀 봉기는 한국 여성사회 발달사에서 주목해 볼 사실이다. 역사의 고비 고비마다 제주의 여성들은 나라를 구하기 위해 자신들의 몸을 내던졌다. 그래서인지 제주의 여성들은 오늘날까지 적극적이고 독립적인 성격을 지닌듯하다.

의군의 밥 시중을 하며 대정에서부터 제주시까지 따라왔던 누이 오돌또기가 울며불며 오빠의 바짓가랑이를 붙잡고 몸부림치자 이재수는 누이를 달래면서 비장하게 말했다. "너는 죄인의 누이가 아니다. 하느님은 하느님을 그릇 섬기는 악한 무리를 무찔렀다고 나를 축복해줄 것이다." 이재수와 그 일당은 처형당하고 제주도는 다시 잠잠해졌고 오돌또기는 하루아침에 고아가 되었다. 그리고 오돌또기는 대역大逆을 한 죄인의 누이라는 낙인을 받고 거리로 내쫓기게 되어 문전걸식을 해야만 했다. 훗날 할미꽃으로 남아 수절한 오돌또기를 좇아 나선 어느 기자는 이렇게 기록한다. "내가 오돌또기라 불리는 노성녀老聖女를 서귀포에서 수소문 한 것도 한국 여인이 살아 온 하나의 자세를 더듬어 보고 싶은 뜻에서였다. 서귀포 사람들은 거의 이 오돌또기 할멈을 모르고 있었으며 그의 오빠 이재수가 60년 전에 저지른 반란에 대해서도 전혀 모르고 있었다."

그랬다. 제주사람들도 아부오름에서 '이재수의 난'이라는 영화를 촬영한 것은 알고 있지만, 그가 대정고을 사람이라는 사실도 그가 일으킨 난이 어떤 것 인지를 아는 사람도 흔치 않다. 오늘날 아부오름의 한라산너머 있는 대정에서 민중들을 이끌고 제주까지 점령했던 이재수에 관한 아무런 추모도 표식도 없다. 그가 생전에 이곳엔 와 보지도 못했을지 모르지만 다만 그를 소재로 한 영화가 이곳에서 촬영되었다는 사실만으로 아부오름의 정상에서 이재수를 그려본다.

● 근처의 가볼만한 곳 ●

물영아리오름

남원읍 수망리에 소재한 이 오름은 화구에 물이 있다고 하는데서 유래되어 물영아리라 한다. 안덕면 영아리와 어원이 유사하다. 이 오름은 산정 화구호에 물이 있다 하여 '물영아리'라고 하고, 이 오름과 대비되는 표선면 가시리에는 물이 없어 '여문영아리'가 있다. '영아리'에 언어학적 해석으로 '아리'는 '산山' 이라는 의미로 몽고어, 만주어 등 북방어 계통이다. 따라서 '영아리'는 신성스런 산을 의미하는 '영산'이다.

당오름

이 오름은 옛날 제주지역이 당오백 · 절오백 등 무속신앙이 발달하였다는 데서 유래된다. 오름 근처에 당팟(당밭) · 당카름(당동네) 등 신당神堂과 관련된 지명이 있다. 한자명은 당악堂岳, 당산堂山, 당봉堂峰 등으로 표기되어 있다. 이 오름의 중턱에는 고목 · 큰 바위(엉장)가 있다. 이 오름과 같은 오름이 조천읍 와산리, 한경면 고산리, 안덕면 동광리 등 3곳에 있다.

이승악오름

남원읍 신례리에 소재한 이 오름은 해발 539m의 말굽형 형태를 띠고 있다. 오름의 생긴 모양이 살쾡이를 닮았다고 해서 붙여진 이름이다. 한자로는 이승악理升岳 이생악理生岳이라고 한다. 오름의 산등성이에는 낙엽수와 상록수로 울창하여 깊은 숲길 산책을 겸할수 있다. 정상에서는 성널오름과 사라오름, 한라산도 조망할 수 있다.

오름의 왕자

거문오름

제주도에는 2007년 유네스코가 지정한 세계자연유산이 세 곳 있다. 한라산과 성산일출봉, 그리고 거문오름 용암동굴계이다. 제주도에 오는 많은 사람들이 앞의 둘은 대개 알지만 거문오름은 모르는 사람이 훨씬 많을 것이다. 다랑쉬오름을 오름의 여왕이라고 한다면 거문오름은 오름의 왕자라고 할 정도로 귀중한 오름이다.

거문오름은 한라산의 북동쪽 중산간지대에 있는 높이 456m의 오름이다. 오름의 이름은 원래 숲이 무성하게 덮여 있어 검게 보인다고 하여 이 오름의 굼부리를 거물창(거멀창)이라고 불려졌다는 설에서 유래한다. 반면에 '검은'은 색깔이 검다는 뜻이 아니라 고조선 시대부터 쓰여 온 신神이란 뜻의 검(감, 곰, 굼)에서 그 명칭이 유래했다는 설 등등으로 다양하다. 조천읍 선흘리에서 구좌읍 덕천리에 걸쳐 있는 거문오름은 구좌읍 종달리의 동거문오름에 견주어 서거믄오름, 서거믄이, 서거문악西巨文岳이라고도 한다. 오름 입구의 표석에는 '검은이오름'이라고 적혀 있다.

세계자연유산의 지정은 그 유산의 보존을 의무적으로 요구한다. 그래서 제주도에서는 거문오름의 탐방객 수를 하루 300명으로 제한하고 이틀 전까지 전화예약을 한 사람에 한해 입장을 허용하고 있다. 최근 들어 제주 관광객들의 급증과 함께 오름과 올레 곳곳에서 신음을 앓고 있는 것과 달리 그나마 이런 규제들이 번거롭기는 하지만 세계자연유산을 보존하기 위한 방법이니 기꺼이 협조해야할 일이다.

탐방센터 뒤에는 마을이 있고 마을 중간에서부터 거문오름 쪽으로 매끈한 흙길이 닦여져 있었다. 콘크리트나 아스팔트 포장도로가 아닌 것이 다행이었지만, 길옆 콘크리트 배수로가 눈에 띄게 노출되어 있어 거슬렸다. 천 미터 정도를 걷자 오름의 능선길과 분화구 탐방로가 갈라지는 지점이 나타났다.

전체적으로 용암이 흘러가면서 만들어진 말굽형분화구 형태라 하는데 능선에서 보니 둥근 타원형이었다. 능선과 능선이 이어지는 형태를 볼 때 굴곡의 모습이 주어진 명칭대로 '태극길'과 흡사하다는 느낌도 들었다. 제주에서 가장 긴 용암협곡을 지녔고 '곶자왈'이라는 생태계의 보고를 품고 있어 지질학적으로는 물론 생태학적으로도 가치가 높다는 평가를 받을만하다.

화산 폭발로 거문오름이 생겼고, 거문오름 분화구에서 흘러나온 용암이 협곡을 따라 14㎞ 떨어진 용암동굴 지대까지 흘러 내려갔다. 이

용암으로 만장굴, 김녕굴, 용천동굴도 생겼다. 그러니까 거문오름은 제주 용암동굴의 자궁인 셈이다. 협곡 바위에는 여기저기 이슬방울이 매달려 있다. 안내원의 설명에 따르면 여기서 나오는 물은 30년 이상이 된 물이라고 한다. 오랜 세월 땅 속에 스며 있다가 해안에 가까워지면 물이 이렇게 지상으로 나오는데 제주도 물이 특별히 좋은 이유도 여기에 있다.

주로 나무 데크 위로 다니게 되어 있는 분화구코스에는 용암이 만든 협곡, 자연 에어컨 바람이 나오는 풍혈風穴, 용암 덩어리가 날아와 그대로 굳은 화산탄 등의 진기한 구경거리들이 있다. 사람이 남겨놓은 흔적으로는 옛날 숯가마와 일제말기 일본군이 주둔하면서 만들어놓은 동굴진지 등이 남아 있다. 비교적 원형이 잘 보존된 숯 가마터가 있어 제주도민들의 삶의 애환의 흔적으로 남아 있었고 갱도를 비롯해 일본군동굴과 군사주둔지 흔적 등 일본군사시설이 그대로 남아 있다. 태평양전쟁 당시에 6천여 명의 일본군이 주둔했다 하니 거문오름 전체가 군사도로이고 요새였을 것이다.

또한 이곳은 4. 3 항쟁 당시 주민들이 학살을 피해 숨어있었다 하는 안타깝기 그지없는 슬픈 역사가 남아 있다. 1947년부터 1954년까지 제주 전역에서 3만 여명이 죽어간 상황에서 토벌군의 학살이 여기에도 미치지 않았겠는가. 당시 민중들 삶의 애환을 가득 안고 있는 흔적이 곳곳에 무심히 머들(돌무더기)로만 남아 있다.

오름 분화구 탐방로 양 옆을 뒤덮은 삼나무를 비롯한 온갖 나무와 들꽃, 풀들이 큰 축제를 벌이고 있다. 생동하는 생명의 에너지들이 분화구 골짜기를 꽉 채우고 있다. 흡사 지구 머나먼 오지의 원시정글 속 어딘가를 헤매는 듯하다. 용암으로 인해 생긴 바위 사이의 보온 보습 효과로 인해 아열대, 난대, 온대에 걸쳐 다양한 식물군락이 형성되어 있다. 특히 분화구 바닥에는 식나무군락, 붓순나무, 쥐똥나무, 으름 등 상록활엽수가 분포하고 있는데, 식나무군락은 국내 최대의 군락지라고 한다. 붓순나무는 연기가 나지 않는다 하여 4. 3 항쟁 당시 산사람들이 즐겨 사용했다고 하며 때죽나무는 농기구의 자루를 만드는데 널리 사용했다 한다.

정상에서 보이는 전망을 한 바퀴 돌며 이곳 저곳을 음미하던 나는 눈을 감고 숨을 깊이 들이쉬었다. 온 몸의 모든 세포가 활짝 열려 내 몸

속을 여기저기 달리는 것 같았다. 몸속의 세포 하나하나가 모두 입을 활짝 열고 거문오름의 기운을 빨아들이고 있었다. 이 아름답고 웅장한 자연 속에서 도시의 먼지와 소음에 찌들고 병든 내 몸은 완전히 다시 살아나 꿈틀대는 듯 했다.

근처에 가볼만한 곳

우진제비오름

조천읍 함덕초등학교 선인분교장 북쪽에 위치한 우진동마을 뒷산에 위치해 행정구역상 조천읍 선흘2리에 속한다. 둥글고 통통한 산체에 서쪽 봉우리가 주봉이며, 북동쪽으로 벌어진 말굽형 화구를 가진 화산체로 화구 안사면의 기슭에는 샘이 있다. 우진제비오름에서 송당 오름군 사이로 떠오르는 일출을 바라보는 것은 장관이다.

성불오름

구좌읍 송당리에 위치한 오름으로 말굽형 화구는 남쪽봉우리에서 북쪽봉우리에 이르는 등성마루에 에워싸여 동향으로 얕게 패어 있다. 골짜기 사이에 둥그스름하게 부풀어 올라 있는 곳에 숲이 우거지고, 그 속에 '성불천成佛泉'이라는 샘이 있어 이 형국을 옥문형玉門形이라고 하는데 멀리서 보면 그 모양이 그럴 듯하다.

따라비오름

가시리에서 성읍리 방향으로 가는 도로에 위치하고 있는데, 크고 작은 여러 개의 봉우리가 어우러져 용눈이오름과 함께 가장 아름답고 부드러운 등성이로 연결되며 원형 분화구 안에 세 개의 작은 화구를 가진 특이한 화산체이다. 가까이에 모자오름, 새끼오름이 모여 있는 중에 이 오름이 가장 격이라 하여 따애비라 불리다가 따래비로 와전된 것이라고 한다.

저 별과 같이

새별오름

제주오름은 그 숫자만큼이나 형태와 의미에 따라 다양한 이름을 가지고 있다. 한라산의 축소판과 같다고 해서 손자봉, 마파람을 마주보는 형태를 띠고 있다고 해서 마보기오름, 백록담의 암봉이라 해서 산방산, 임금 왕王자 모양을 띠고 있다고 해서 왕이메오름, 분화구에 물이 있는 물영아리, 물찻, 물장오리, 넙적한 모양을 띠고 있는 넙거리오름, 보름달모양을 하고 있다고 해서 다랑쉬오름과 같은 이름은 모두 흥미로운 이름들이다. 그뿐이 아니다. 흙이 붉은 색을 띠고 있다고 해서 흙붉은오름, 새와 짐승의 주둥이 모양을 닮았다고 해서 산굼부리, 삼신이 활솜씨를 자랑한 오름이라 하는 쌀장오리, 선비가 학문을 논하는 장소라고 해서 논고악, 산세가 외로운 모양을 한 고근산, 차가운 습지가 있는 오름인 한대오름 등등 제주오름의 명칭은 다양하기 이를 데 없다.

이같은 오름의 명칭 가운데에서도 가장 아름다운 이름을 가진 오

름은 새별오름이 아닌가 한다. 제주도 한라산 서쪽에 자리하고 있는 새별오름은 저녁 하늘에 가장 먼저 떠오르는 샛별처럼 외롭게 서 있다하여 이 같은 이름이 지어졌다고 한다. 한자로는 효성악曉星岳이라고도 불린다. 새벽하늘에 외롭게 떠있는 별같이 아름다운 오름, 새별오름은 가을날이면 온통 은빛 억새로 뒤덮여 밤에만 반짝이는 샛별이 아니라 낮에도 반짝이는 샛별이 된다.

가을밤이 익어가는 늦은 시각에 새별오름을 산책하다 보면 이 지상에 새로운 세계가 있음을 느끼게 된다. 한번이라도 산과 들에서 밤을 지새워 본 일이 있는 사람이라면 세상이 모두 잠든 자연 속에서는 낮보다 밤에 더욱 아름답고 신비로운 세계가 펼쳐지고 있다는 것을 알게 된다. 사람들이 모두 잠자리로 떠난 밤 시간이 되어 달빛과 별빛이 은은하게 온천지를 비추기 시작하면 샘물은 더 맑은 소리로 노래 부르고, 나

뭇가지나 풀잎은 은밀하게 몸을 바스락대며 자신을 키워가기 시작하고, 산신령들도 거침없이 오락가락 노닐며 대기 속에서 자연과 대화를 나누기 시작한다. 낮은 인간들의 세상이지만 밤은 달과 별, 나무와 풀의 세상이다.

사람들이 잠들어 있는 새별오름 하늘 저 편 위에는 영롱한 별들이 금세 머리위로 쏟아질 듯 가득했고, 밤하늘에 가득한 은하수가 별들의 길을 놓아 주기 위해 도열하고 있다. 그 사이로 이따금씩 떨어지는 별똥별, 어린 시절 화톳불을 피워 놓고 평상에 누워 할머니의 팔을 베고 올려보던 그 밤하늘의 별들이었다. 정말 오랜만에 친숙한 별자리를 선명하게 고르며 볼 수 있었다. 북두칠성과 북극성, 카시오페이아, 안드로메다, 페르세우스, 세페우스, 쌍둥이, 오리온…. 주위의 모든 것은 잠들어 침묵만이 가득한 새별오름에는 별들의 잔치가 벌어지고 있었다. 어린 시절에 시골에서 친구들과 들판에 누어 밤하늘을 은빛으로 물들인 은하수의 찬란한 아름다움을 본적이 있다. 그렇게 아름다운 은하수를 본 것은 그때가 처음이자 마지막이었다. 그 이후로는 한 번도 그런 모습을 본 적이 없다. 간혹 교외에서 야영을 할 때 별들이 온 하늘을 가득 채우고 있는 것을 본 적은 있지만, 어렸을 때 본 은하수에 비하면 아무것도 아니었다. 새별오름의 밤하늘에는 북극성과 북두칠성이 다투어 제 모습을 자랑하고 이름 모를 별들은 명멸하고 떨어졌다.

내가 지금 보고 있는 북극성은 1100년 전에 여행을 떠난 빛이고, 그것이 지금 내 눈앞에서 반짝인다고 한다. 1100년 전에 어디론가 여행을 떠난 빛이 오늘 나의 눈에 들어와 반짝이는 별로 보인다는 것은 아무리 생각해도 경이롭고 신기한 일이다. 1100년 전 저 머나먼 신라 시대 때 떠난 빛이 마침내 지금 새별오름에 도착해 내 눈에 들어온다. 신라시대 때에 어느 총각이 사랑하는 처녀를 그리며 쳐다보았던 별을 1100년이 지난 지금 나는 새별오름에서 바라보고 있는 것이다. 지금 이 순간 저별을 떠나는 빛은 앞으로 1100년 후에나 지상에서 밤하늘을 쳐다보는 누군가와 다시 만날 것이다. 끝없는 은하계 속의 무수한 별들 속에서 지구는 한낱 조그만 돌덩이에 불구하고 우리 인간도 미세한 점 하나에 불과 한 것인데 우리들은 마치 우주를 다 가진 듯 큰소리치고 잘난 척한다. 우리네 한평생 칠, 팔십년 정도는 영겁의 시간에 비하면 찰나에 불과한 순간이다. 그럼에도 우리들은 서로 좋아하다 미워하고 사랑하다 헤어진다.

초록빛이 반짝이는 어두운 하늘과 길게 그림자를 드리운 암흑의 새별오름에는 총총한 별들이 점처럼 이어지며 흩어져 있었다. 서로 어떤 의미를 찾으며 흩어지지 않기 위해 저렇게 헤어질 수 없는 간절함으로 각자의 자리에서 맴돌고 있다. 새삼스레 나의 별자리를 이루는 얼굴들을 하나하나 떠올려 보았다. 그대는 나에게 어떤 의미를 주며 내 곁에서 명멸하다 사라졌는가. 또 나는 그대에게 어떤 의미로 존재했던가. 윤회와 전생을 통해 서로 만나려 했으나 번번이 어긋나고 또 만나지 못한 것은 아닌가.

밤하늘의 별들은 음악소리를 내고 있는 듯하다. 처음에는 한 두 개의 별들이 조용하게 연주를 하는 듯 하다가 마침내는 하늘의 모든 별들이 일제히 연주를 하기 시작했다. 별들의 연주 소리와 함께 시간은 어느덧 새벽을 향하고 있었다. 아득한 원시시대 이래로 인간 삶의 여정이라는 것은 날이 저물면 어딘가 천막을 치고 또 날이 밝는 아침이면 천막을 거두어 어디론가 새로운 길을 떠나야 한다. 우리네 인생이 일용할 양식과 휴식을 가질 수 있다면 하룻밤 노숙지가 뭐 그리 중요하겠는가. 밤하늘의 저 별들과 같이 내가 머무는 곳이 곧 나의 집이고 세계다. 새별오름에서의 밤은 그렇게 깊어가고 있었다.

새별오름은 정월대보름이 되면 지난 겨우내 무성했던 억새를 불태우는 들불축제를 벌인다. 새별오름은 제 몸을 불태워 새벽별로 다시 태어나는 오름이다.

근처에 가볼만한 곳

괴오름

북돌아진오름과 이웃한 오름으로 고양이등처럼 구부러진 모양을 하고 있어서 괴오름이라 부르고 있으며, 북쪽으로 벌어진 말굽형 화구를 지니고 있다. 오름 전체가 잡목이 빽빽하게 들어선 울창한 자연림으로 이루어졌으며 군데군데 새우난, 복수초, 천남성 같은 야생초가 자생하고 있다.

바리메오름

애월읍 어음리에 있는 바리메오름은 바리는 바리때(밥그릇이란 뜻)으로, 메는 뫼의 변음이다. 분화구를 포함하는 형세가 바리때와 같다는 데서 붙인 것이다. 한자 표기로는 발산(鉢山)으로 표기하였다. 바리메 바로 서쪽에 족은바리메 또는 각시묘라 부르는 오름이 있다. 남서쪽에는 궤미오름과 동물오름이 있다.

노꼬메

애월읍 유수암리와 소길리 사이에 있는 이 오름은 큰 오름인 큰노꼬메와 작은 오름인 족은노꼬메로 나뉜다. 큰노꼬메는 노꼬메 큰오름이라 하고 족은노꼬메는 노꼬메 족은오름이라고 한다. 일찍부터 놉고메 또는 놉구메라 부르고 한자 표기로는 고고산(高古山) 또는 고구산(高丘山) 등으로 표기하였다. 북서쪽에는 궷물오름이 있다.

제주의 허파

곶자왈

얼마 전 어느 방송국에서 '아마존의 눈물'이라는 특집 다큐멘터리를 방영한 적 있다. 현대사회에서는 쉽게 상상하기 힘든 원시인들의 삶의 모습을 생생하게 볼 수 있었다. 우리나라와 정반대에 위치한 남아메리카대륙의 아마존, 이곳에서의 삶은 보기에 따라서 지극히 원시적이고 야만적이지만 전 세계에서 필요로 하는 20%의 산소가 생산되는 지역이다. 그래서 흔히 '지구의 허파'라고 불리지만 우리에게는 뭔가 생소한 이름이다. 아주 먼 우주에서 보면 푸른 별 지구가 보이고 또 그 지구 속에는 초록빛의 숲과 강이 보인다. 그것이 바로 아마존 숲이고 아마존 강이다. 그런데 '아마존의 눈물'에서 보듯이, 인간들의 무차별한 훼손으로 아마존에서는 많은 생명체들이 눈물을 흘리면서 사라져가고 있다고 한다. 허파가 병들어가면서 지구는 고통에 시달리고 있는 것이다.

아마존이 지구의 허파라면 '곶자왈'은 제주의 허파하고 할 수 있다.

곶자왈이 무엇인가? 곶자왈이란 나무·덩굴식물·암석 등이 뒤섞여 수풀처럼 어수선하게 된 곳을 일컫는 제주방언이다. 그러나 보다 엄밀한 의미에서의 곶자왈이란 화산폭발 때 용암이 크고 작은 암괴로 쪼개지면서 요철지형을 이룬 곳에 나무와 덩굴 따위가 마구 엉클어져 자연림을 이룬 지역을 뜻하는 말이다. 제주도 하부 깊은 땅속의 암석이 높은 지열에 녹아 반액체 상태로 된 암석 물질인 마그마는 오름을 잉태하였고 오름은 곶자왈을 만들었다.

말하자면 제주 곶자왈은 오름의 화산활동으로 분출한 용암이 흘러 만들어진 화산지대 위에 형성된 독특한 숲 또는 지형을 일컫는다. 땅속에 크고 작은 바위 덩어리들이 매우 두껍게 쌓여 있어 많은 비가 내려도 빗물이 그대로 지하로 유입돼 깨끗한 지하수를 생성하는 지역이다.

특히 보온·보습 효과가 뛰어나 원시림에 가까운 울창한 숲을 이루고 있으며, 세계에서 유일하게 북방한계식물과 남방한계식물이 공존하는 제주만의 독특한 숲이다.

원시적 자연의 모습을 그대로 보여주는 곳이 제주에는 많이 있지만 그 중 하나가 제주의 곶자왈이다. 제주의 조상들은 곶자왈과 더불어 슬기롭게 살아왔다. 곶자왈에 들어가 보면 돌, 나무, 풀이 같이 어우러져 공존하고 있다. 그 안에서 제주사람들은 소나 말을 풀어 키웠고, 땔감과 숯을 만들어냈으며 계절마다 아이들의 주전부리를 찾거나 생생한 모험의 장소이기도 했다. 한반도 최후의 상록수림 안에서 자라는 독특한 생명, 제주사람의 희노애락이 한껏 녹아있는 곳이 곶자왈이다. 자연과 하나되어 살아왔던 조상들의 숨결이 이곳에서는 고스란히 살아있다.

제주곶자왈은 형성된 용암에 따라 크게 네 지역에 걸쳐 분포하는데, 한경-안덕 곶자왈지대, 애월 곶자왈지대, 조천-함덕 곶자왈지대, 구좌-성산 곶자왈지대이다.

곶자왈은 자연림과 가시덩굴이 혼합 식생하고 있어 경작지로 이용하지 못하는 불모지로 인식돼 왔다. 그러나 최근의 조사 결과에 의하면 상록수들이 주로 분포함으로써 한겨울에도 푸른 숲을 자랑하면서 빗물을 스펀지처럼 빨아들여 지하수를 형성하고 지구온난화의 주범인 오염된 공기 이산화탄소를 정화시키는 장소이다. 생태계의 허파 역할을 하고 있을 뿐만 아니라 곶자왈은 한라산에서 중산간을 거쳐 해안선까지 분포함으로써 동식물들이 살아가는데 완충지대 역할을 해주고 있다.

곶자왈은 흙 없이 부엽토만으로 바위 위에 숲을 이룬 곳으로 지금도 미기록 식물이 보고되는 미지의 세계다. 제주산 양치식물인 제주고사리, 창일엽과 제주암고사리, 개가시나무, 천량금, 붓순나무, 개톱날고사리 등이 발견되는 식물의 보고가 곶자왈이다.

바위만으로 이루어진 대지라고는 믿을 수 없을 만큼 나무들의 숲은 깊고, 숲은 습기로 충만해 있어서 식물들이 건강하게 잘 자라고 있다. 무성한 숲의 생명력을 느끼며 초록의 힘을 온 몸으로 받으며 걸을 수 있는 저지에서 무릉까지 이어지는 무릉곶자왈, 상록활엽수림지대가 발달되어 동백동산 일대에서 1년 내내 우거진 녹음을 자랑하는 선흘곶자왈은 대표적인 곶자왈이다. 이 곶자왈들이 무분별한 개발사업 등으로 위기에 처해 있다. 곶자왈은 제주뿐 아니라 세계적인 생태계의 보고이지만, 골프장 건설, 영어교육도시개발, 쓰레기 매립장 등 각종 개발사업의 추진으로 처참하게 파괴되어 가고 있다. 정물오름 서쪽에 생긴 골프장은 멋진 골프장이라고 찬사를 보내고 있지만, 이 골프장 짓느라고 세계적인 생태계의 보고인 곶자왈지역이 처참하게 파헤쳐졌다. 도너리오름곶자왈 주변에는 이미 여러 개의 골프장이 들어서 있음에도 앞으로 새로운 골프장과 영어교육도시 개발사업이 예정되어 있다 한다. 이런 새로운 개발로 곶자왈은 이제 거의 사라질 위기에 처해있다. 여기에 올레걷기 코스도 곶자왈을 통과하는 구간이 하나 둘 생겨난다고 하니 곶자왈의 미래가 어찌 될 것인가.

무분별한 개발과 훼손 앞에 곶자왈이 하나둘 쓰러지기 시작하면, 제주에 물 부족과 환경 재앙이 생겨도 곶자왈은 더 이상 우리를 지켜주

지 않을 것이다. 자신의 몸이 파헤쳐지는 죽음의 고통 앞에서 몸서리치며 신음하는 이 곶자왈을 어떻게 할 것인가. 지금 흘리는 곶자왈의 눈물은 언젠가 인간에게도 더욱 뜨거운 눈물을 흘리게 할 것이다.

● 근처의 가볼만한 곳 ●

무릉곶자왈

서귀포시 대정읍 무릉2리에 위치한 무릉곶자왈에 들어서면 느긋하고 시원한 공기가 생태 숲임을 감지하게 한다. 무릉곶자왈은 제주에서 가장 긴 한경-안덕곶자왈지대 중 일부다. 무성한 나무들이 손을 맞잡은 듯한 숲터널이 눈 앞에 펼쳐지고 있으며 나이를 알 수 없는 초목들과 가시덤불이 우거져 있다.

선흘곶자왈

동백동산이라고도 불리는 이 곶자왈은 제주시 조천읍 선흘리 동쪽에 있는 천연림으로 넓은 면적에 걸쳐 있다. 이곳은 원래 동백나무가 많다 하여 동백동산이란 이름이 붙여졌으나 동백나무 외에도 종가시나무 · 후박나무 · 빗죽이나무 등이 함께 자라고 있고, 나무 밑에는 새우난초 · 보춘화 · 사철란 등이 자라고 있다. 또한 숲 안과 주위에 백서향나무 · 변산 일엽 등의 희귀식물이 자생하고 있다.

화순곶자왈

화순곶자왈은 병악곶자왈용암류로 해발 492m인 병악에서 시작되어 화순리 방향으로 총 9km에 걸쳐 분포되고 있다. 화순에서 서광로를 따라가다 보면 〈화순곶자왈 생태 탐방숲길〉이라는 안내판이 있다. 평균 1.5km 폭으로 산방산 근처의 해안지역까지 이어 진다.

어머니의 품

한라산

사방이 바다로 둘러싸인 외로운 섬 제주도. 이 섬의 한 가운데 1950미터의 높이로 솟아오른 산이 바로 한라산漢拏山이다. 이 땅의 사람들에게 바다는 단절의 상징이고, 단절은 유배의 땅이라는 숙명을 낳았다. 이 같은 단절과 유배는 설문대할망의 설화에서 비롯된 것인지 모른다. 제주 창조의 여신 설문대할망은 명주 100동을 마련해주면 섬사람의 소원인 육지를 잇는 다리를 만들어 준다고 약속했지만, 섬에 있는 명주를 모두 모아도 99동 밖에는 될 수 없었고, 결국 할망이 다리를 놓다가 중단해 단절과 고립이라는 하늘의 벌을 받은 것인가. 그래서 섬사람들은 '이어도'라는 이상향을 꿈꾸었는지 모를 일이다. 갈 수 없는 곳에 닿기 위하여 바꿀 수 없는 운명의 굴레를 벗고 제주를 뒤흔드는 바람의 힘을 빌어 이어도에 이르고자 하는 소박한 꿈을 꾸었던 것은 아닐까. 한라산은 제주 사람들에게 이상향의 세계였다. 거센 바다와 거친 화산 땅을 일구며 사나운 바람에 맞서 살아온 사람들에게 신선이 산다는 한라산은 마음속의 이어도와 같이 온몸으로 껴안고 있는 신비로운 산이다.

망망대해 푸른 물결 위의 작은 섬에서 한라산은 제주 땅 어디에서나 보이게 마련이다. 아침에 눈을 뜨면 아스라이 보이는 것이 한라산이요, 노을이 내리는 땅거미 사이로 내려앉는 것이 또한 한라산이다. 성산일출봉 수평선 너머로 아득하게 떠오르는 첫 햇살은 한라산에 머리를 굽혀 인사하고 고단한 하루를 끝내고 와서 수월봉 너머로 스러지는 저녁노을도 한라산에 마지막 인사를 하고 사라져 간다. 이 땅에서 살다가 고향을 떠난 사람들도 마찬가지여서 그들이 제주도가 그리울 때 가장 먼저 떠오르는 풍경도 한라산이다. 이 땅에 뿌리를 둔 섬사람들에게 한라산은 그들의 시작이자 종착지였다. 그래서 제주사람들은 '한라산이 곧 제주도이고, 제주도가 곧 한라산'이라는 표현을 잘 쓴다.

한라산이 뻗어 내린 산자락에 터를 잡고 살아온 섬사람들에게 한라산은 그 자체만으로 영산靈山이요 어머니의 품과 같은 곳이었다. 한라산은 제주도를 창조한 신神들의 거처였으며 수많은 전설들이 흘러나온 터전이었다. 고립되고 단절된 역사의 질곡 속에서 개인과 집단의 수많은 애환과 사연들을 묵묵히 바라보고 있는 것도 한라산이다. 그래서 제주도에서 구전되는 민요들 중에도 '한라산'이 들어가지 않은 것을 찾기 힘들 정도이다. "한라산에 쌓인 눈은 봄이 되어 녹건마는/이 내 가슴에 쌓인 시름 언제나 녹을까." 척박한 섬에서 거칠고 험한 바닷바람에 맞서면서 고단하고 힘겨운 삶을 살아야 했던 애환을 섬사람들은 한라산에 기대어 달래고자 했던 것이다. '한라'라는 이름은 하늘의 은하수를 잡아당길 만큼 높다 해서 붙여진 것이다. 한라산이 그토록 높은 것은 어쩌면 고난의 시대를 살아야 했던 섬사람의 애환과 눈물, 그리고 단절된 그들의 희망을 하늘에 기원코자 쌓아놓은 높은 언덕이며 제단은 아닐까.

'산은 험하고 바다는 사납다.' 옛 사람들이 제주도를 두고 흔히 표현하는 말이다. 이는 아마도 화산섬인 제주가 지형적으로 높은 한라산을 품고 있는 데다 오름이 많고, 언제나 바람이 심해 고요한 바다를 만나기 어려웠던 때문일 것이다. 제주도의 해안 지형을 보면 언뜻 보기에는 광대한 평원이 펼쳐져 있는 것 같다. 그러나 자세히 살펴보면 완전한 평야는 한 곳도 없다. 해수면에서부터 한라산 꼭대기를 향하여 천천히 올라가고 있다. 한라산이 따로 있고 평야가 따로 있는 것이 아니라 한라산 자락이 곧 제주도를 이루고 있다. 그래서 두 곳은 분리하여 생각할 수 없다.

성판악이나 관음사에서 산행을 시작해서 한참을 힘들게 오르다보면 언제 올라왔는지도 모르게 해발 1500m에 올라 있어 뒤돌아보면 아무런 거침없이 해안까지 펼쳐 보이고, 마지막 급경사를 한참 허덕이고 나면 정상에 올라 있다. 한라산 꼭대기에 서서 사방을 둘러보노라면 제주도가 시야에 들어오지 않는 곳이 하나도 없다. 멀리 바다와 하늘이 제 몸을 섞어 어디부터 하늘이고 어디부터 바다인지 구분조차 되지 않고 모든 것이 발아래 놓여 있는 듯하다. 한라산은 높이와 지형, 식물 분포 때문에 계절마다 그 모습이 크게 달라진다. 봄에는 붉디 붉은 진달래밭과 철쭉밭이 광활하게 펼쳐지는가 하면, 여름에는 짙은 초록빛 융단을 펼친다. 또 가을이면 붉고 노란 단풍이 조화를 이루다가 겨울이 되면 곧 흰 눈과 상고대로 눈 천지를 만든다. 한라산에서는 숲과 이슬이 머금은 아침햇살을, 노루의 착한 눈망울을, 청초한 꽃을 피우는 들꽃들을, 저녁나

절이면 들판을 핏빛으로 물들이는 노을을 마주할 수 있다. 어느 한라산 지기는 계절마다 다른 한라산 정경을 이렇게 묘사한다.

> 콘트라베이스의 낮고 긴 음색으로 산들바람이 불어오면 한라산 깊은 계곡에서는 겨울잠에서 깨어난 물소리, 바위를 적시며 솟아납니다. 현을 튕기는 듯 가늘고 청명한 소리는 메마른 대지를 적시며 깊디깊은 겨울잠에 취한 숲속의 생명들을 깨워 댑니다.
>
> 트럼펫처럼 맑고 우렁찬 햇살이 나목의 덤불숲을 헤집고 얼어붙은 대지에 닿으면 파릇한 새싹들이 여기저기서 부스스 얼굴을 드러냅니다. 햇살보다 향기로운 빛깔로 샛노란 복수초가 선봉에 서면, 노루귀도 이에 뒤질세라 잎새마저 제쳐두고 순백의 자태를 드러내지요.
>
> — 오희삼의 『한라산 편지』에서

백록담白鹿潭을 빼놓고 한라산을 생각할 수 없다. 그러나 실상 백록담에 올라가 분화구 겉모습만 보고는 모두 실망을 한다. 그러나 그것이 백록담의 전부는 아니다. 외따로 떨어져 있는 섬 최정상에 이만한 물이라도 고여 있다는 것은 어찌 보면 신비로운 일이다. 백록담은 한라산과 제주도에 대한 상징적 의미를 지니고 있다. 아무리 가뭄이 극심해도 이 분화구의 물은 마르지 않는다는 사실이 바로 그것이다. 한라산 정상은 마치 솥에 물을 담아 놓은 모양과 같다고 해서, 부악釜岳이라는 이름을 붙인 내력도 이해가 간다. 이 분화구 둘레는 약 4,000여 미터나 되며, 제일 높은 곳은 정상 분화구의 서쪽 둔덕이다. 분화구 안에 있는 못에서 옛날 신선들이 하늘에서 내려와 흰 사슴을 타며 놀았다 해서 이름이 '백록담'이라 불리어졌다. 백록담은 고산식물의 보고이다. 식물의 종류도 무려 1,800여종이나 되어 울창한 자연림과 더불어 광대한 초원이 장관을 이룬다. 백록담 뿐만 아니라 높은 절벽과 깎아지른 듯한 비탈, 계곡 곳곳에 깊숙히 숨겨진 폭포들, 설문대할망과 오백장군의 전설이 깃든 영실의 오묘한 모습들이 한라산을 이루는 명소들이다.

한라산의 철쭉으로 가장 유명한 곳 중 하나는 설문대할망의 아들(오백장군)들이 피눈물을 흘리다 바위가 된 영실 쪽이다. 설문대할망이 빠져 죽은 죽을 먹은 오백장군이 바위가 되며 흘린 피눈물이 땅속 깊이 스며들었다가 봄이 되면 철쭉꽃으로 피어나 온 산을 붉게 물들인다 한다. 그래서 한라산 철쭉은 육지 다른 지방 산들의 철쭉과는 달리 진분홍 핏빛을 띤다. 봄이 되면 한라산을 불태울 듯이 온 들판을 붉게 물들이는 철쭉은 오백장군의 눈물인 것이다.

한라산은 제주사람들에게는 삶 그 자체다. 항상 한라산의 품 안에서 살아가는 제주사람들에게 한라산은 어머니 같은 존재다. 한라산은 우주의 살아있는 모든 것을 모아 산으로 만든 것 같다는 불가사의한 산이다. 그래서 사람들은 한라산을 '인간의 산이 아니라 신의 산'으로 떠받들며 고개 숙이는지도 모른다. 한라산은 제주의 인간과 자연, 그리고 역사를 모두 다 품어 안으며 말없이 하늘과 대화하고 있는 자애로우면서도 강인한 어머니의 모습이다.

근처의 가볼만한 곳

어승생

이 오름은 옛날부터 상제가 말을 타고 하늘을 달린다하여 관마어천형官馬御天形, 천마방주형天馬紡周形 등으로 불렀고, 한자명 어승생악御乘生岳으로 표기한다. 사람들은 일명 어승생이, 어시싱, 어스승 등으로 부른다. 특히 조선 정조때 목사 조명검曹命儉이 이 오름에서 말을 키워 왕께 바치자 노정盧政이란 벼슬을 하사하였다. 임금이 타는 어승마를 키운다 하여 어승생악이라고 했다.

흙붉은오름

이 오름의 유래는 붉은 흙이 사면에 외부로 노출되어 붉게 보인다하여 흙붉은오름이다. 한자명은 토적악土赤岳으로 표기한다. 이 오름은 애월읍 소재 붉은오름과 유사하며 대부분 붉은빛깔인 화산재, 화산탄 등 화산쇄설물이 퇴적된 작은 화구구와 분석구으로 형성된다. 이러한 분석구는 제주 방언으로 '송이'라고 한다.

사라오름

사라오름의 사라는 불교적인 의미로는 깨달음과 알고 있다는 것을 의미한다. 제주는 불교적 영향을 받아 범어梵語가 많이 남아있다. 한라산을 나한산으로 표기하며 오라, 아라, 사라 등의 지명은 불교 범어용어이다. 한라산은 불교성지와 도장으로 중요하며, 불교의 성지로 알려진 신성한 산이다. 백록담 아래 사려니오름은 1324m에 위치한 제주오름 중에서 가장 높은 오름이다. 정상 분화구에 비밀스러운 호수가 있어 신비감을 자아내며 2010년 가을에 개방되어 제주시민들과 관광객들의 사랑을 받고 있다.

부록

Part 1 | 제주 올레코스

1 코스_ 시흥~광치기 올레(총 15km, 5~6시간)

시흥초등학교 → 말미오름(2.9Km) → 알오름(3.8Km) → 중산간도로 → 종달리 회관(7.3Km) → 성산갑문(12.1Km) → 광치기해변(15Km)

1-1 코스_ 천진항~천진항(총 16.1km, 4~5시간)

(우도올레는 배편에 따라 천진항 또는 하우목동항에서 출발하면 된다.)

천진항 → 쇠물통 언덕(0.8km) → 서천진동(1.4km) → 홍조단괴해빈 해수욕장(2.2km) → 하우목동항(3.2km) → 오봉리 주흥동 사거리(4.4km) → 답다니탑(5.6km) → 하고수동 해수욕장(7.7km) → 비양도 입구(8.7km) → 조일리 영일동(11.6km) → 검멀래 해수욕장(12.7km) → 망동산(13.6km) → 꽃양귀비 군락지(13.9km) → 우도봉정상(14.3km) → 돌칸이(15.4km) → 천진항(16.1km)

2 코스_ 광치기~온평 올레(총 17.2Km, 5~6시간)

광치기 해변(시점) → 저수지(439m) → 방조제입구 → 식산봉 → 성터입구(4.1Km) → 성산하수종말처리장(6.82Km) → 고성윗마을 → 대수산봉 입구(11.9Km) → 대수산봉 옛 분화구 → 대수산봉 정상(12.7Km) → 대수산봉 아래 공동묘지(13.4Km) → 신양리부녀회 공동밭 → 혼인지(16.4Km) → 황루알(17Km) → 온평포구(17.2Km)

3 코스_ 온평~표선 올레(총 22Km, 6~7시간)

온평 포구 → 온평도댓불(옛날등대) → 중산간올레 → 난산리 → 통오름(9km) → 독자봉 → 삼달리 → 김영갑갤러리(14km) → 신풍리 → 신풍,신천 바다목장올레(17km) → 신천리 마을올레 → 하천리 배고픈다리(20km) → 표선1, 2백사장 → 당케포구(22km)

4 코스_ 표선~남원 올레(총 23Km, 6~7시간)
표선 당케포구 잔디광장 → 방애동산 → 해비치 호텔&리조트 앞 → 갯늪 → 거우개 → 흰동산 → 가마리개(5.5km) → 가마리해녀올레 → 멀개 → 가는개 → 샤인빌바다산책로(9km) → 토산새동네 → 망오름(11km) → 거슨새미 → 영천사(노단새미) → 송천 삼석교(14km) → 태흥 2리 해안도로 → 햇살좋은 쉼터(21.5km) → 남원해안길 → 남원포구(23km)

5 코스_ 남원~쇠소깍 올레(총 15Km, 5~6시간)
남원포구 → 큰엉 경승지 산책로(3km) → 신그물(4.7km) → 동백나무 군락지(6.5km) → 위미항조배머들코지(8km) → 넙빌레 → 공천포검은모래사장(11km) → 망장포구 → 예촌망(13km) → 효돈천 → 쇠소깍(15km)

6 코스_ 쇠소깍~외돌개 올레(총 14.4Km, 4시간30분~5시간)
쇠소깍 → 소금막(756m) → 제지기오름(2.34Km) → 보목항구 → 구두미포구(3.95Km) → 서귀포 보목하수처리장(5.06Km) → 서귀포KAL호텔(6.82Km) → 파라다이스호텔(7.92Km) → 소정방폭포/소라의 성(8.17Km) → 서귀포초등학교(10.2Km) → 이중섭 화백 거주지(10.6Km) → 천지연폭포 생태공원(11Km) → 남성리 마을회관 앞 공원(12.2Km) → 남성리 삼거리(13.6Km) → 찻집 솔빛바다(14.4Km)

7 코스_ 외돌개~월평 올레(총 15.1Km, 4~5시간)
외돌개(778.2m) → 호근동 하수종말처리장(3.1Km) → 수봉로(3.81) → 법환포구(4.79) → 월드컵 사거리(6.85Km) → 서건도 바다 산책길(7.74Km) → 풍림올레교 → 구 수봉교(8.68Km) → 제주풍림리조트(8.88Km) → 강정사거리(12.1Km) → 강정포구(13.2Km) → 안강정(14.2Km) → 월평포구(15.1Km)

7-1 코스_ 월드컵경기장~외돌개 올레(총 15.6km, 4~5시간)
서귀포 월드컵 경기장 → 하영 농수산(1㎞) → 월산동 입구(2.54㎞) → 엉또폭포 입구(4.03㎞) → 고근산 입구(6.26㎞) → 고근산 뒷면(8.09㎞) → 서호마을 입구(9.81㎞) → 하논 입구(13㎞) → 삼매봉 입구(14.9㎞) → 외돌개(15.6㎞)

8 코스_ 월평~대평 올레(총 17.6Km, 5시간~5시간 30분)
월평포구 → 굿당 산책로(500m) → 마늘밭(5.56Km) → 대포포구(8.66Km) → 시에스 호텔(5.82Km) → 배릿내 오름 → 돌고래쑈장(10Km) → 중문해수욕장 → 하얏트호텔 산책로 → 존모살해안 → 해병대길(13.8Km) → 색달 하수종말처리장 → 열리 해안길 → 논짓물(15.3Km) → 동난드르 → 말 소낭밭 삼거리 → 하예 해안가 → 대평 포구(17.6Km)

9 코스_ 대평~화순 올레(총 8.81Km, 3~4시간)
대평포구 → 박수덕 → 몰질(416m) → 정낭 → 기정 길 → 조슨다리 위(1.38Km) → 볼레낭 길 → 봉수대 → 황개천입구 동산(3Km) → 화순선사유적지(3.6Km) → 진모르 동산(5.1Km) → 가세기 마을올레(안덕계곡 6.9Km) → 화순 귤농장길(7.4Km) → 화순항(8.81Km)

10 코스_ 화순~하모 올레(총 14km, 4~5시간)
화순선주협회사무실 → 화순해수욕장(360m) → 퇴적암 지대 → 사구언덕 → 산방산 옆 해안(1.84Km) → 용머리 해안 → 산방연대 → 산방산 입구(2.82Km) → 하멜상선전시관 → 설큼바당(4.02Km) → 사계포구(4.64Km) → 사계해안체육공원 → 사계화석발견지 → 마라도 유람선 선착장(8.11Km) → 송악산입구 → 송악산 정상 → 송악산 소나무 숲 → 말 방목장(10.5Km) → 알뜨르 비행장 해안도로(11.5Km) → 하모 해수욕장(14Km)

11 코스_ 하모~무릉 올레(총 20Km, 6~7시간)
하모해수욕장 → 섯알오름(2.2Km) → 백조일손묘 갈림길(4.2Km) → 이교동 상모2리 마을입구(6.7Km) → 모슬봉입구(8.8Km) → 정난주성지(12.2Km) → 신평마을입구(13.5Km) → 곶자왈입구(14.9Km) → 곶자왈출구(17.9Km) → 인향동마을입구(19.2Km) → 무릉2리 제주 자연생태문화체험골(20.0Km)

12 코스_ 무릉2리~용수 올레(총 18Km, 5~6시간)
무릉2리 제주자연생태문화체험골 → 평지교회(2.5Km) → 신도연못(4.2Km) → 녹당봉(5.5Km) → (구)신도초교(6.2Km) → 신도 앞 바다(8.4Km) → 신도포구((9.4Km) → 소낭길(11km) → 수월봉(12.5km) → 엉알길(13.3㎞) → 고산자구내포구(14.0㎞) → 당산봉 입구(14.8㎞) → 생이기정 바당길(16.1㎞) → 용수포구(절부암)(17.6㎞)

13 코스_ 용수포구~저지마을회관 올레(총 15.3km, 4~5시간)
용수포구(절부암) → 충혼묘지 사거리(1.5㎞) → 복원된 밭길(2.1㎞) → 용수저수지 입구(2.95㎞) → 특전사숲길입구(4.7㎞) → 고목숲길(6.56㎞) → 고사리 숲길(7.35㎞) → 낙천리 아홉굿마을(8.5㎞) → 낙천잣길(9.0㎞) → 용선달리(11.1㎞) → 뒷동산아리랑길(11.6㎞) → 저지오름 정상(13.1㎞) → 저지마을회관(15.3㎞)

14 코스_ 저지마을회관~한림항 올레(총 19.3km, 6~7시간)
저지마을회관 → 저지밭길(540m) → 나눔허브제약입구(1.53km) → 나눔허브제약 쉼터(2.0km) → 저지잣길(2.3km) → 큰소낭 숲길(2.6km) → 삼거리(3.67km → 오시록헌 농로(4.2km) → 월림잣길(4.9km) → 굴렁진 숲길(5.4km) → 야자나무 삼거리(5.7km) → 선인장밭 숲길(6.1km) → 무명천 산책길1(6.5km) → 월령숲길(6.9km) → 무명천 산책길2(7.4km) → 무명천 산책길3(8.3km) → 월령해안 입구(9.5km) → 월령포구(10.2km) → 금능등대(12.0km) → 금능포구(12.7km) → 금능해수욕장(13.2km) → 협재해수욕장14.1km) → 협재포구(15km) → 옹포포구(16.1km) → 국립폐류육종센터(17.4km) → 한림항 비양도 도항선 선착장(19.3km)

14-1 코스_ 저지마을회관~무릉2리 생태학교 올레(총 17.5km, 5~6시간)
저지마을회관 → 강정동산(3.7km) → 문도지오름 정상(5km) → 저지곶자왈 입구(6.5km) → 동물농장 숲길(7.9km) → 오설록(10km) → 무릉곶자왈(항물)(13.5km) → 영동케(봉근물)(14.5km) → 인향마을(16.2km) → 무릉2리 생태학교(17.5km)

15 코스_ 한림항 비양도 도항선~고내포구(총 19km, 6~7시간)
한림항 비양도 도항선 선착장 → 평수포구(0.7km) → 대림안길 입구(2.5km) → 영새생물(2.8km) → 사거리(3.8km) → 성로동 농산물집하장(4.7km) → 귀덕농로(5.5km) → 선운정사(6.5km) → 버들못농로(7.6km) → 혜린교회(8.9km) → 납읍숲길(9.3km) → 납읍초등학교 금산공원 입구(10.5km) → 납읍리사무소(11.3km) → 백일홍길 입구(12.1km) → 과오름 입구(12.5 km) → 도새기숲길(13.8km) → 고내봉 입구(14.9km) → 고내봉 정상(16km) → 하르방당(16.5km) → 고내촌(16.9km) → 고내봉 아래 하가리 갈림길(17.6km) → 고내교차로(18.5km) → 배염골 올레(18.6km) → 고내포구(19km)

16 코스_ 고내포구~광령1리사무소(총 17.8km 5~6시간)
고내포구 → 신엄포구(1.5km) → 남두연대(2.8km) → 중엄새물(3.8km) → 구엄포구(4.8km) → 구엄리마을 → 수산봉(6.4km) → 수산저수지 독방길(7.2km) → 수산밭길(9.6km) → 장수물(11.3km) → 항몽유적지(12.6km) → 고성숲길(13km) → 승조당(14.4km) → 청화마을(16.1km) → 광령1리사무소(17.8km)

부록

Part 2 | 제주 주요 오름

〈제주시 지역〉

(오름명, 한자명, 소재지, 찾아가는 길 순서)

칠오름 七岳 봉개동 제주시 봉개동 → 동부산업도로방면 → 명도암마을진입 도로 변
노루오름 獐岳 봉개동 제주시 봉개동 → 명도암마을 → 절물휴양림방면 1.5Km
절물오름 寺岳 봉개동 절물휴양림 내에 위치
개월오름 犬月岳 봉개동 516도로변(11번국도) 제주시 → 마방목지 지나 왼쪽 중계 탑에 위치
명도오름 明道岳 봉개동 제주시 봉개동 → 절물휴양림 방면 → 명도암 바로 옆에 위치
거문오름 巨門岳 연동 1100도로(99번국도) → 천마목장을 지나 동쪽으로 2Km지점
민오름 敏岳 연동 신제주 로타리 → 정실마을 도로변에서 동쪽으로 100m에 위치
남조순오름 南朝峰 연동 신제주 로타리 → 1km 남쪽(민오름 바로옆에 위치)
광이오름 肝列岳 연동 남조순 오름에서 500M 남서쪽위치(남조순오름과 한라수목원 사이)
명통악 念通岳 연동 광이오름 남서쪽으로 연결되어 위치
노루생이, 노리오름 獐孫岳 연동 1117번도로에 위치 천마목장 남동쪽 2Km
열안지오름 列雁旨岳 오라동 1117번도로 관음사에서 3Km 과학고등학교 정면에 위치
능화오름 菱花岳 오라동 한라산내 개미목으로 탐라계곡 건너편 남서쪽에 위치
어승생오름 御乘生岳 해안동 1100도로변 → 어리목 등산코스 입구에서 길을 따라 1km
족은드레오름 小斗星峰 노형동 어리목산장 → 해발 1,000m에 위치한 남쪽으로 등산로와 연결
큰드레오름 頭星峰 오라동 어리목 산장 → 남동쪽에 큰 산체를 가진 오름
장구목 長項 오라동 웃세오름 대피소 → 동북쪽으로 3km에 남북으로 연결되어 위치
골머리오름 洞山 노형동 1100도로(99번국도) → 천왕사 진입로 주차장에서 숲길따라 위치

걸세오름 傑豕岳 연동 천왕산 입구 → 3km 정도에 북동쪽 제주시 공설묘지가 내려 다 보이는 산록도로변에 위치
오드싱오름 梧等峰 오등동 정실마을 → 농촌시험장에서 북동쪽으로 약 200m 지점 에 위치
소산오름 宵山岳 아라동 516도로(11번국도) 산천단에 위치
삼의양오름 三義壤 아라동 516도로(11번국도) 제주의료원 맞은편에 위치
태역장오름 草長兀 봉개동 516도로(11번국도) → 물장오리과 연이어 동쪽에 사다리꼴로 보이는 오름
쌀손장오리 射長兀 아라동 물장오리 남서쪽 계곡과 숲을 지나 3km에 위치
불칸디오름 火長兀 월평동 물장오리 남쪽에서 1km 정도에 위치한 오름
물장오리 水長兀 아라동 516도로(11번국도) → 장올교 서쪽 숲길로 조릿대 분포지대 지나 5km 정도에 위치
별도봉 別刀峰 화북동 오현고등학교 북쪽으로 100m 정도에 위치, 사라봉과 같은 능선
사라봉 絲羅烽 건입동 제주항 동쪽, 봉수대원당사가 있는 오름 조림, 공원지구
원당오름 元堂烽 삼양동 삼양1동 일주도로변에서 동북쪽으로 5km에 남북으로 길게 위치
봉개오름 奉蓋岳 봉개동 제주시 봉개동 → 대기고등학교 근처
도들오름 道頭烽 도두동 제주 국제공항 북서쪽으로 1km정도 용두암 해안 도로변 바닷가에 위치
개새끼오름, 가사오름 加沙峰 오라동 제주시 오라동 연미마을 북서쪽으로 500m 위치한 오름
권재오름 權在岳 아라동 제주대학교와 교수아파트 입구에서 도로를 따라 1km 정도 남쪽에 위치
들레오름 月下岳 아라동 제주 공업고등학교 북쪽으로 100m 정도에 동서로 길게 위치
방일봉 方日峰 노형동 상수도 관리사무소가 위치한 서남쪽에 위치
누운오름 臥岳 노형동 원산마을에서 남동쪽으로 1.5km 정도에 위치

〈애월읍 지역〉

(오름명 한자명 소재지 표고 비고 형태 오름의 어원과 유래 식생 순서)

검은덕오름 今德峰 소길리 402m 52m 원추형 신성시한 오름 수림
상가리 175m 135m 복합형 고내리 설촌에서 유래된 오름 수림
천아오름 天娥岳 광령리 797m 87m 말굽형 삼나무가 많이 분포된 오름 수림
산새미오름 三神山 고성리 금덕리 652m 112m 원추형 물이 분화구 안에 존재 수림, 초지
삼형제오름 三兄弟岳 금덕리 장전리 1143m 118m 말굽형 삼형재가 모여 있는 오름 한라산 국립공원자연림
물메오름 水山烽 수산리 122m 92m 원추형 불교적 의미의 오름 조림, 공원

이스렁오름 川佛峰 광령리 1353m 73m 원추형 불교적 의미의 오름 한라산 국립공원 자연림
쳇망오름 天望岳 광령리 1355m 55m 말굽형 챗바퀴형태 한라산국립공원 자연림
사제비오름 鳥接岳 광령리 1424m 49m 말굽형 새미모양, 제비가 죽어 있는 형태
웃세족은오름 上小岳 광령리 1699m 64m 원추형 한라산 정상 밑에 있는 세오름
웃세누운오름 上臥岳 광령리 1711m 71m 원추형 한라산 정상 밑에 있는 세오름
웃세붉은오름 上赤岳 광령리 1740m 75m 원추형 한라산 정상 밑에 있는 세오름
붉은오름 赤岳 광령리 1061m 136m 말굽형 삼별초의 최후 항전지
노로오름 獐岳 유수암리 1070m 105m 복합형 노루가 많이 서식
도노미 於道烽 봉성리 143m 73m 말굽형 도래떡,도래방석 모양 조림, 과수원
곽오름 郭岳 곽지리 155m 85m 말굽형 성냥갑 모양, 소가누운 형국 조림, 초지
녹고메큰오름 鹿高大岳 소길리 834m 234m 말굽형 사슴이 물먹는 모양, 개가 엎드린 형태
녹고메작은오름 鹿高小岳 유수암리 774m 124m 말굽형 사슴이 물먹는 모양, 개가 엎드린 형태 수림, 초지
괴오름 描岳 봉성리 653m 103m 말굽형 뿔이 달린 괴물모양, 고양이가 구부린 형태 조림, 초지
폭낭오름 彭岳 봉성리 646m 76m 복합형 팽나무가 식생 초지
다래오름 多栗岳 봉성리 697m 87m 말굽형 다래나무 식생 수림, 초지
빈네오름 簪岳,叉岳 어도리 659m 93m 말굽형 비녀를 꽂은 모양 초지
바리메 發伊岳 어음리 763m 213m 원형 밥그릇 모양 초지
이달오름 二達峰 봉성리 489m 119m 원추형 여성의 유방, 쌍오름 초지, 수림
누운오름 臥岳 장전리 128m 13m 말굽형 소가 옆으로 누운 모양 초지
샛별오름 曉星岳 봉성리 519m 119m 복합형 샛별 모양 조림, 초지
극락오름 極樂岳 고성리 314m 64m 말굽형 극락사라는 절이 있음 초지, 조림
바굼지오름, 파군봉 破軍烽 하귀리 85m 50m 원추형 바구니 형태 조림

〈한림읍 지역〉

(오름명 한자명 소재지 표고 비고 형태 오름의 어원과 유래 식생 순서)

문도지오름 文道岳 금악리 260m 55m 말굽형 돼지가 누워 있는 형태 수림, 초지
느지리오름 晩早岳 상명리 225m 85m 복합형 해돋이를 늦게 볼 수 있는 오름 초지
갯거리오름 拘尾岳 명월리 254m 69m 말굽형 두 마리 개가 꼬리를 S자형태로 누운 모양 수림, 초지
정월오름 明岳 금릉리 106m 56m 말굽형 보름달 모양 수림, 초지
금오름 琴岳 금악리 428m 178m 화구호 선녀가거문고를 타는 형국 수림

누운오름 臥岳 금악리 407m 57m 복합형 소가 누워 있는 형태 초지, 수림
정물오름 井水岳 금악리 466m 151m 복합형 안경 샘이 존재 초지, 수림
도너리오름, 골체오름 道乙岳 동명리 440m 110m 복합형 삼태기 원형 모양 초지
밝은오름 明岳 상명리 183m 43m 원추형 月모양 초지, 수림
밝은오름 明岳 명월리 149m 39m 말굽형 月모양 초지
밝은오름 明岳 금악리 380m 15m 말굽형 月모양 초지
비양봉 飛揚峰 협재리 114m 104m 복합형 3가지 골짜기가 갈라진 모양 수림, 초지
삼뫼소오름 泉味岳 금악리 375m 30m 원형 샘이 있는 오름 초지
천아오름, 초낭오름 天我岳 상대리 134m 49m 말굽형 참나무가 많이 식생 수림, 초지

〈한경면 지역〉

(오름명 한자명 소재지 표고 비고 형태 오름의 어원과 유래 식생 순서)

당오름 堂山峰 고산리 148m 118m 말굽형 봉수대 지귀당이 있는 오름 수림, 초지
널개오름 板浦岳 판포리 93m 58m 말굽형 봉수대 널판이 놓인 모양,소가 누운 형국 조림, 초지
녹고물오름 水月峰 고산리 78m 73m 원추형 벼랑에 물이 내리는 모양, 반달 형태
가마오름 釜岳 청수리 146m 51m 원추형 가마솥 형태 조림과 초지
새신오름 鳥巢岳 청수리 141m 41m 말굽형 새가 많이 서식하는 오름 초지
구분오름 拘奔岳 조수리 96m 26m 복합형 개가 달아나는 형태, 오름이 굽어 있는 형국 초지와 수림
저지오름 楮旨岳 저지리 239m 104m 원형 새주등이 형태, 닥나무가 많이 식생
마종이오름 馬中岳 저지리 169m 44m 원추형 말의 안장 모양 초지
송아오름 松岳 저지리 104m 30m 복합형 소나무가 많이 분포 수림
이계오름 二鷄岳 저지리 168m 38m 복합형 닭모양 초지와 수림

〈조천읍 지역〉

(오름명 한자명 소재지 표고 비고 형태 오름의 어원과 유래 식생 순서)

알밤오름 下栗岳 선흘리 394m 154m 말굽형 밤알 모양 조림과 초지
웃밤오름 上慄岳 선흘리 417m 137m 말굽형 밤알 모양 조림과 초지
산굼부리 山穴 山凹 교래리 437m 32m 원형 살아있는 굼부리나 짐승의 주둥이
민오름 敏岳 선흘리 518m 118m 말굽형 민대가리 모양, 무녀의 고깔형태 초지

방애오름 臼岳 교래리 453m 48m 복합형 방아모양 초지와 수림
부대오름 夫大岳 선흘리 469m 109m 말굽형 쌀자루 모양 초지와 수림
지그리오름 之基里岳 교래리 589m 158m 말굽형 섬유같이 여러갈래로 엇갈린 모양 초지
기시네오름 丁岳 와흘리 237m 47m 원추형 구그네. 고무래 모양 조림, 밭
당오름 堂岳 와산리 306m 56m 말굽형 신당이 존재하고 있는 오름 수림, 밭
우진제비 雨鎭岳 선흘리 411m 126m 말굽형 제비가 날개를 접는 형태 수림, 초지
바늘오름 針岳 와흘리 552m 142m 복합형 바늘 모양으로 가시덤불이 많이 식생
꾀꼬리오름 鶯岳 대흘리 428m 158m 말굽형 꾀꼬리가 물을 먹는 형태 수림, 초지
까그래기 可極里岳 교래리 429m 49m 말굽형 보리수염인 까끄래기 모양 수림
돔배오름 丁岳 교래리 466m 36m 원형 도마모양 수림, 초지
부소오름 夫小岳 선흘리 469m 129m 말굽형 임금의 사모 모양 수림, 초지
흙붉은오름 土赤岳 아라동 1381m 146m 말굽형 산등선이에 붉은 흙이 있음
서거문오름 西黑岳 선흘리 457m 112m 말굽형 신성시하는 오름 수림
새미오름 泉味岳 대흘리 421m 126m 말굽형 오름중턱에 샘이존재함 조림
대천이오름 大川岳 교래리 447m 67m 말굽형 대천동에 내(川)가 흐르고 있음 수림
늡서리오름 晩霜岳 교래리 489m 59m 말굽형 늦게 서리가 내리는 오름 수림
서모오름 犀牛烽 함덕리 111m 106m 우추형 코뿔소 모양 조림, 초지, 밭
구두리오름 拘頭岳 가시리 517m 117m 말굽형 개머리 모양 수림
물찻오름 黑岳 교래리 717m 167m 원형 숲으로 검게 보이는 형태 수림
사라오름 絲羅岳 신예리 1325m 150m 원형 불교적 의미, 신성시한 오름 한라산국립공원
어후오름 御後岳 교래리 1017m 116m 원추형 두 봉우리가 어우러진 모양 한라산국립공원

〈구좌읍 지역〉

(오름명 한자명 소재지 표고 비고 형태 오름의 어원과 유래 식생 순서)

둔지오름 屯地岳 한동리 282m 152m 말굽형 무덤이 많이 있음, 관청의 토지가 있던 오름 조림과 초지
동거미오름 東黑岳 송당리 340m 115m 말굽형 거미 모양 수림과 초지
다랑쉬 大多郎秀 세화리 382m 127m 원형 보름당 모양, 높은 산 초지
용눈이오름 龍臥岳 종달리 248m 88m 원추형 용이 누워 있는 형태 초지
손지오름 孫子峰 종달리 256m 76m 원추형 한라산 축소 모양 초지
은월봉 隱月峰 종달리 180m 75m 말굽형 月이 숨어 있는 모양, 들판에 외롭게 누워 있는 형태 초지

이대오름 御帶岳 덕천리 211m 55m 말굽형 고기 등허리 모양 조리과 밭
주체오름 朱土岳 덕천리 221m 35m 원추형 흙이 붉은 모양 수림과 밭
당오름 堂岳 송당리 274m 69m 말굽형 산중턱에 신당이 있음 수림
아친오름 坐置岳 송당리 192m 22m 말굽형 두다리를 벌리고 앉아 있는 모양
뒤꾸분이 後曲岳 송당리 252m 52m 말굽형 뒤쪽으로 구부러진 모양 초지
체오름 體岳 송당리 382m 117m 말굽형 삼태기 모양 초지와 조림
거친오름 巨體岳 송당리 355m 70m 복합형 두 오름의 갈라진 형태 초지
칡오름 葛岳 송당리 304m 49m 원추형 거루배를 엎은 모양, 칡이 많이 식생 초지
아부오름 亞夫岳 송당리 301m 51m 타원형 당오름 앞에 있는 오름 수림과 초지
선족이오름 先足伊岳 송당리 307m 32m 원추형 송당리 길목에 위치한 오름
안돌오름 內石岳 송당리 368m 93m 복합형 오름안쪽에 돌이 있는 모양 초지
밭돌오름 外石岳 송당리 353m 103m 말굽형 오름밖에 돌이 있는 모양 초지와 수림
북오름 北岳 덕천리 305m 86m 말굽형 둥근 북 모양 초지
식은이오름 上大近岳 덕천리 286m 45m 말굽형 지맥이 식은 오름 초지와 수림
돌오름 狚岳 송당리 284m 129m 복합형 돼지 모양 수림
민오름 民岳 송당리 362m 102m 말굽형 둥글고 민밋한 모양 조치
묘산오름 猫岳 김녕리 116m 81m 말굽형 고양이이 등이 굽은 모양 수림과 밭
거슨새미오름 逆泉岳 송당리 380m 125m 말굽형 샘물이 한라산으로 흐르는 수림
지미봉 地尾烽 종달리 165m 160m 말굽형 제주도 땅끝의 봉우리 초지와 조림
삿갓오름 笠山峰 김녕리 85m 65m 원추형 삿갓모양 수림
성불오름 成佛岳 송당리 362m 97m 말굽형 중이 염불하는 모양 초지와 수림
가문이오름 加文岳 송당리 317m 55m 말굽형 중이 문 앞에 엎드린 모양 초지
비치미 飛雉岳 송당리 344m 109m 말굽형 꿩이 날아가는 모양 초지
돌린미 石額岳 송당리 312m 82m 원형 오름등성이가 돌려진 형태 초지
높은오름 高岳 송당리 405m 175m 말굽형 구좌읍에서 비고가 높은 오름
쇠머리오름 牛頭峰 우도면 133m 128m 복합형 소의 머리 형태 초지와 수림

〈서귀포시 지역〉

(오름명 한자명 소재지 표고 비고 형태 오름의 어원과 유래 식생 순서)

절오름 寺岳 보목동 95m 85m 원추형 절지기가 살던장소 낟가리 쌓은 오름 수림
칡오름 葛岳 상효동 271m 96m 원형 칡이 많이 식생 수림

영천오름 靈泉岳 상효동 277m 97m 말굽형 영천샘물이 있음 수림
고근산 高根山 서호동 396m 171m 원형 범섬 근처에 있는 산, 산세가 외로운 형태
우보악 牛步岳 색달동 301m 96m 말굽형 소가 걸어 가는 모양 수림, 초지
더데오름 加加岳 상예동 228m 48m 말굽형 오름이 중첩된 형태 수림, 초지
구산망 拘山望 하원동 174m 69m 방굼형 개가 구부려 모로누운 형태 수림
활궁악 弓岳 강정동 187m 37m 말굽형 활 형태 수림, 과수원
영실오름 靈實岳 하원동 1639m 389m 복합형 신선이 사는 골짜기 한라산국립공원
불래오름 佛來岳 하원동 1374m 104m 말굽형 존자암이 있는 오름
법정이오름 法井岳 하원동 760m 90m 원추형 법정사가 있는 오름 한라산국립공원
거린사슴 亞鹿岳 대포동 743m 103m 말굽형 사슴이 뛰는 모양, 오름이 갈라진 형태 수림
모라이 帽羅伊岳 색달동 511m 66m 원추형 모자에 띠를 두른 형태, 탕건모양 수림, 초지
녹하지오름 鹿下旨岳 중문동 621m 121m 원추형 사슴이 내려와 놀던 오름 초지
웃방에오름 上研岳 동흥동 1748m 73m 원추형 방아 형태 한라산국립공원
아래방아오름 下研岳 동흥동 1585m 85m 원추형 방아 형태 한라산국립공원
방애오름 研岳 동흥동 1700m 129m 말굽형 방아 형태 한라산국립공원
시오름 雄岳 서호동 758m 118m 원추형 남성의 성기 형태 수림
월라산 月羅山 신효동 118m 63m 복합형 높은 산, 보름달 모양 수림
미악산, 쌀오름 米岳 동흥동 568m 113m 말굽형 쌀을 쌓은 형태 초지, 수림
베릿네오름 星川岳 중문동 101m 61m 말굽형 은하수가 흐르는 모양 수림
삼매봉, 사미봉 三梅烽 서흥동 154m 104m 복합형 3개의 매화가 둘러싼 모양
각시바위오름 角秀岳 호근동 395m 140m 원추형 학이 날개를 펴서 앉은 형태 암석, 수림

〈대정읍 지역〉

(오름명 한자명 소재지 표고 비고 형태 오름의 어원과 유래 식생 순서)

돈두미오름 敦頭岳 영락리 42m 22m 원추형 밥상과 같은 모양 조림
녹남오름, 녹남봉 杖木岳 신도리 100m 50m 원형 늑나무가 많이 식생 조림
모슬봉 慕瑟峰 상모리 181m 131m 원추형 봉수대 거문고 모양, 학이 날개를 펴고 앉은 모양
송악산 松岳山 상모리 104m 99m 이중화산복합형 파도가 해안에 부딪쳐 우는 모양 초지
보름이오름 望岳 무릉리 49m 14m 원추형 보름달을 볼 수 있는 오름 초지
가시오름 加時岳 동일리 107m 77m 말굽형 가시나무가 많이 식생 수림

〈안덕면 지역〉

(오름명 한자명 소재지 표고 비고 형태 오름의 어원과 유래 식생 순서)

다래오름, 월라산 月羅山 감산리 201m 101m 복합형 달이 떠오르는 모양 수림
어오름 御竝岳 상천리 638m 38m 원추형 두 봉우리가 어우러진 모양 수림, 초지
하늬보기 北福岳 상천리 592m 42m 원추형 복풍을 맞는 오름 초지
마보기 南福岳 상천리 560m 45m 원추형 하늬보기와 마주보는 오름 초지
영아리오름 靈阿里岳 상천리 693m 93m 말굽형 신성스런 오름 초지
족은대비오름 朝近大比岳 광평리 541m 71m 복합형 선녀가 내려와 놀던 오름
개오름 戌岳 동광리 496m 126m 말굽형 개가 누워 있는 형태 초지
골른오름 竝岳 상창리 492m 132m 말굽형 쌍둥이 모양, 여자의 유방형태 초지
당오름 堂岳 동광리 473m 118m 원형 당이 존재함, 신성시한 오름 수림, 초지
남송악 南松岳 서광리 339m 139m 복합형 가시나무가 많이 식생 수림, 초지
괴수치오름 高秀峙岳 광평리 559m 59m 원형 두 오름 사이에 대치한 모양 조림
원물오름 院水岳 동광리 459m 98m 말굽형 원물샘이 있음 초지
돔박이오름 冬柏岳 광평리 521m 51m 말굽형 동백나무가 많이 식생 초지
왕이메 王伊岳 상천리 621m 92m 복합형 삼신왕이 기도한 오름 초지
돌오름 乭岳 광평리 866m 71m 원형 돌이 많이 분포 수림
이돈이오름 二敦岳 광평리 663m 68m 말굽형 고개 등에 두 뿔 달린 괴물 형태
거린오름 岳 동광리 298m 68m 원추형 두 갈래 길로 갈라진 모양 수림, 초지
넙게오름 廣蟹岳 서광리 247m 62m 말굽형 넓적한 게모양 수림, 초지
논오름 論岳 화순리 186m 56m 말굽형 논농사를 하는 오름 초지수림밭
신산오름 神仙岳 창천리 175m 30m 원추형 신성스런 오름 초지, 밭
군산 軍山 대평리 335m 280m 원추형 군막을 쳐놓은 모양 초지, 밭
단산 單山 사계리 158m 113m 원추형 박쥐모양, 바구니모양 초지, 수림
산방산 山房山 사계리 395m 345m 원추형 투구모양 암석, 수림

〈남원읍 지역〉

(오름명 한자명 소재지 표고 비고 형태 오름의 어원과 유래 식생 순서)

논고오름 論古岳 신례리 843m 143m 원형 선비가 학문을 논하던 장소 한라산국립공원 자연림
보리오름 保俚岳 신례리 740m 130m 원추형 보리낱알 모양 불교적 의미의 신성한 오름

마체오름 馬體岳 신례리 426m 51m 원추형 말의 몸체형태 한라산국립공원
넙거리 廣御岳 한남리 437m 102m 말굽형 봉우리가 넙적한 모양 수림
사려니 四蓮岳 한남리 523m 98m 말굽형 사방으로 연결되는 오름의 중심을 의미
이승이오름 狸升岳 신례리 539m 114m 말굽형 살쾡이가 웅크린 모양 수림
동수악 東水岳 한남리 700m 100m 원형 분화구 동쪽에 물이 있는 오름
물오름 水岳 하례리 474m 149m 원추형 화구가 없는 마소의 휴식처 수림
성널오름 城板岳 신례리 1325m 200m 원추형 성벽을 쌓은 모양 한라산국립공원
사라오름 絲羅岳 신례리 1325m 150m 원형 불교적의미, 신성한오름 한라산국립공원
물오름 水岳 수망리 839m 114m 말굽형 마소의 중간 휴식처 한라산국립공원
민오름 敏岳 수망리 447m 97m 말굽형 민자대머리 모양 수림, 초지
거린오름 　岳 한남리 536m 153m 말굽형 오름이 교차되면서 갈라진 형태 수림
물영아리 水靈岳 수망리 508m 128m 원형 화구호 여인의 머리를 풀고 앉은 형태, 습지식물
자배오름 資輩烽 위미리 211m 111m 원형 잣밤나무가 많이 분포 수림
걸세오름 傑瑞岳 하례리 158m 48m 원추형 걸쇠 모양 수림
예촌망 禮村望 하례리 68m 63m 원추형 해안을 볼 수 있는 오름 조림, 과수원
생기오름 生氣岳 신례리 260m 65m 말굽형 人자 모양으로 원기를 회복 하는 휴식처가 있는 오름 초지, 과수원
고이오름 高伊岳 한남리 302m 52m 말굽형 고양이가 구부린 모양 수림, 초지
넉시오름 魂師岳 의귀리 146m 56m 말굽형 넋이나간 소가 있는 오름 조림, 과수원
쇠기오름 小技岳 수망리 178m 33m 원추형 송아지가 누운 모양 남자 성기 형태
여쩌리오름 如節岳 신흥리 210m 50m 말굽형 거북등 같은 모양 수림, 초지
운지오름 雲旨岳 남원리 164m 24m 말굽형 오름 사면에 구름이 걸린모양 조림

〈표선면 지역〉

(오름명 한자명 소재지 표고 비고 형태 오름의 어원과 유래 식생 순서)

매오름 鷹岳 표선리 137m 107m 말굽형 매머리 모양 수림
좌보미 左甫岳 성읍리 342m 112m 복합형 9개별 모양 수림, 초지
개오름 拘岳 성읍리 345m 130m 원추형 개가 하늘을 보는 모양 수림, 초지
백약이오름 百藥岳 성읍리 357m 132m 원형 백가지 약초가 식생 수림, 초지
영주산 瀛州山 성읍리 326m 176m 말굽형 신선이 있는 오름, 三神山 수림, 초지
모지오름 母地岳 성읍리 306m 86m 말굽형 애기를 안은 어머니 모양 수림, 초지

정자오름 長子岳 성읍리 216m 31m 원추형 모지오름 앞 큰아들격 초지
새끼오름 鄒岳 성읍리 301m 31m 말굽형 따라비의 손자격 수림, 초지
따라비 多羅非 가시리 342m 107m 복합형 땅의 할아버지격 수림, 초지
달산봉 脫山烽 하천리 137m 87m 말굽형 한라산에서 고립된 오름 조림
족은사스미 小鹿山 가시리 442m 102m 말굽형 작은 사슴 모양 수림, 초지
큰사스미 大鹿山 가시리 475m 125m 원형 큰 사슴 모양 수림, 초지
토산봉 兎山烽 토산리 175m 75m 복합형 토끼 모양 조림, 초지
가세오름 袈絲岳 토산리 201m 101m 말굽형 가위 모양 수림
설오름 狙乙岳 가시리 238m 98m 말굽형 호미 모양 수림, 초지
갑선이오름 甲蟬岳 가시리 188m 83m 말굽형 굼벵이 모양 수림
염통오름 念通岳 토산리 180m 32m 원추형 염통 모양 초지
월지봉 月旨峰 토산리 182m 43m 원추형 달(月) 모양 초지
병곳오름 餠歸岳 가시리 288m 113m 말굽형 병꽃풀이 많이 식생 초지
여문영아리 乾靈岳 가시리 514m 134m 말굽형 화구에 물이 없는 오름 수림, 초지
번널오름 番板岳 가시리 272m 62m 말굽형 널판이 세워 놓은 모양 수림, 초지
쇠오름 牛岳 토산리 162m 42m 말굽형 소가 누워 있는 모양 초지
쳇망오름 天望岳 가시리 445m 55m 원형 수레바퀴 모양 수림

〈성산읍 지역〉

(오름명 한자명 소재지 표고 비고 형태 오름의 어원과 유래 식생 순서)

식산봉 食山烽 오조리 60m 55m 원추형 보리 낟가리 모양 수림
성산 城山 성산리 179m 174m 원형 성을 둘러싼 모양 수림, 초지
통오름 桶岳 남산리 143m 43m 말굽형 물통,밥통모양 수림, 초지
독자봉 獨子烽 난산리 153m 79m 말굽형 새끼사자가 앉아 있는모양 수림, 초지
모구리오름 母拘岳 난산리 232m 82m 말굽형 어미개가 옆으로 누운 모양 조림
본지오름 本地岳 삼달리 152m 32m 말굽형 노박덩쿨이 많이 식생 조림, 초지
나사리오름 螺施岳 난산리 164m 29m 말굽형 소라 모양 초지
유건이오름 儒巾岳 난산리 190m 75m 원형 유생이 쓰는 유건 모양 수림, 초지
남산봉 南山烽 신풍리 179m 54m 원형 정의현 남쪽에 위치 수림
왕미오름, 대왕산 大王山 수산리 158m 83m 말굽형 풍수지리 산세가 王자 모양
족은왕미 小王山 수산리 103m 28m 말굽형 왕미 근처에 작은산 수림, 초지

낭끼오름, 남거봉 南擧峰 수산리 185m 40m 원추형 하천이 멀리 떨어진오름 수림
돌미 乭岳 수산리 186m 26m 원추형 돌이 많이 존재 암석, 초지
궁대오름 弓袋岳 수산리 239m 54m 복합형 활모양 수림, 초지
뒤굽은이 後曲岳 수산리 206m 36m 말굽형 뒤로구부러진모양 수림, 초지
큰물뫼 大水山峰 고성리 137m 97m 원형 물이 많은 습지 수림
작은물뫼 小水山峰 고성리 53m 38m 원추형 물이 많은 습지 수림
말미오름, 두산봉 斗山烽 시흥리 127m 101m 복합형 이중화산 말의 얼굴 모양

(위의 오름 자료는 http://bada35.youngsil.com/ver3/?doc=jido/all.html 에서 인용했음)

부록

Part 3 | 제주 맛집

(지역별 가, 나, 다 순서)

〈제주, 신제주 지역〉

거부한정식

- 신제주 그랜드호텔 부근, 전화 (064)744-4116
- 보쌈과 같은 푸짐한 정식

고기 굽는 사람들

- 신제주 노형로타리 근처, 전화 (064)744-4468
- 흑돼지, 숯불갈비

고은이가든

- 신제주로터리 현대자동차 뒷골목, 전화 (064)744-1418
- 말고기요리 전문

곶감식당

- 건입동 서부두 앞, 전화 (064)758-2531
- 고등어 회

남춘식당

- 제주경찰서 윗쪽 다리건너 대동낚시 삼거리 가기 전 위치, 전화 (064)702-2588
- 고기국수, 콩국수, 김밥도 유명

누룽지식당

- 신라불한증막(남광파출소) 건너편에 위치, 전화 (064)724-6665
- 고등어조림전문, 돌솥밥

느티나무집

- 제주시 연동, 전화 (064)742-1136
- 빙떡, 꿩메밀국수

대광식당

- 제주시 한방병원 앞쪽에 위치, 전화 (064)758-7768
- 냉면 전문

뎨우

- 제주시 외도동, 공항에서 서쪽 10분, 전화 (064)742-6668
- 해선요리

돌하르방식당

- 제주시 일도2동 동사무소 윗쪽 뒷골목, 전화 (064)752-7580
- 제주 전통음식, 각재기국
- 오전 10시부터 오후 3시까지만 영업

동이트는집

- 경찰서 앞 문화진흥원 주차장 길건너옆에 위치, 전화 (064)758-2309
- 추어탕 집이지만 야채, 쌈 등이 아주 싱싱함

만선횟집

- 제주시 건입동, 탑동에서 서부두 방파제 들어가는 길, 전화 (064)758-9202
- 활어, 고등어회

만세국수

- 공설운동장 게이트볼장 옆에 감나무집근처, 전화 (064)702-7056
- 사골로 만든 고기국수

목장원

- 신제주 이마트 옆, 전화 (064)748-9233
- 말고기 요리

물항식당

- 신제주 그랜드호텔 서쪽 100m에 위치, 전화 (064)7753-2731
- 조림과 물회

미풍식당

- 제주시 삼도1동 아카데미극장 근처, 전화 (064)758-7522
- 해장국

보건식당

- 제주시청 옆, 전화 (064)753-9521
- 오분작이, 전복 뚝배기

비원삼계탕

- 신제주 노형로타리에서 한라수목원 방향, 한라수목원 입구, 전화 (064)744-1919
- 삼계탕 전문

사돈집

- 제주시 노형동, 전화 (064)478-0788
- 말고기 코스요리

산지로식당

- 노형 로타리 지나 첫 블럭에서 길건너 좌회전, 구 비원삼계탕 뒤편, 전화 (064)747-1889
- 한치물회, 자리물회, 소라물회와 갈치호박국 등

산지물식당

- 제주시 탑동 서부두 방파제 입구대도로변에 위치, 전화 (064)752-5599
- 물회 전문 식당, 어랭이물회와 자리물회, 갈치회와 고등어회

산해들식당

- 제주시 삼도1동, 전화 (064)758-8874
- 서민 한정식

산호전복

- 제주시 탑동 라마다호텔 맞은편, 전화 (064)758-0123
- 전복요리 전문

삼대국수

- 제주민속박물관 삼성혈 앞, 전화 (064)759-6644
- 국수 전문집

성복식당

- 제주시 건입동 서부두 방파제 회집촌, 전화 (064)757-2481
- 갈치회, 고등어조림

승범이네집(대영수산)

- 노형주공아파트 앞에 위치, 전화 (064)744-3538
- 자연산회, 직접 골라서 그 자리에서 회를 해서 먹을 수 있음

시골길

- 신제주로타리 삼성화재 뒤편, 전화 (064)743-1196
- 연동 그랜드 호텔 근처에 지점 연동길, 전화 (064)748-9363
- 낙지 덮밥

싱글벙글복어집

- 신제주 이화오피스텔 4거리(남녕고등학교 4거리)에서 정한오피스텔사이에 위치, 전화 (064)711-5667
- 복어지리, 복어매운탕

아구대감게장마님

- 신제주 런던물류에서 서쪽으로 가다가 훼미리마트 뒷쪽에 위치, 전화 (064)747-8700
- 정식과 아구찜 전문점

아구사랑 아귀찜

- 신제주 연동 돔나이트 근처, 전화 (064)743-2346
- 아귀찜, 아귀탕

앞돈지식당

- 탑동 스위스호텔 뒤, 전화 (064)723-0987
- 어랭이조림, 쥐치조림, 고등어회, 어랭이회, 갈치회 등

앞뱅디식당

- 제주시 중앙중학교 건너편, 전화 (064)744-7942
- 제주 전통음식, 각재기국, 멜튀김

양푼할매집

- 신제주 연동 그랜드호텔 앞에 면세점 골목으로 들어가면 위치, 전화 (064)744-8288
- 동태탕, 냉면 전문, 양도 많고 저렴

어우늘

- 신제주 연북로 서쪽 KCTV 근처, 전화 (064)743-5131
- 전복요리

어장군

- 제주시 연동, 신제주 건설회관 뒤쪽, 전화 (064)744-2258
- 갈치조림, 보말미역국, 돔베고기

올레국수

- 신제주 벨리스보석사우나 바로 뒷편, 전화 (064)742-7355
- 국수전문 고명으로 나오는 돼지고기와 김치가 일품

용담골

- 제주시 용담1동, 적십자 4거리에서 용담방면 삼다파출소 가기 전, 전화 (064)752-2344
- 전복삼합, 성게전복물회

우진해장국

- 서문다리 라곤다호텔 앞쪽에 하이마트 주차장 앞에 위치, 전화 (064)757-3393
- 제주토속육계장, 해장국

유리네식당

- 신제주 연북로 KCTV 길건너 위치, 전화 (064)748-0890
- 토속음식 전문점, 성게 및 옥돔미역국, 갈치국, 각종 구이

장춘식당

- 제주시 연동 신제주 KBS 뒤쪽, 전화 (064)742-8556
- 제주 전통음식, 갈칫국, 성게국, 오분재기구이, 소라볶음

제주고래

- 신제주 연동 맥심호텔 뒷편, 전화 (064)745-9922
- 고래고기 전문

제주보쌈

- 시민회관 농협 뒤편에 위치, 전화 (064)753-6614
- 신제주 제주일고 뒤편에 분점
- 보쌈 전문

푸주옥

- 공설운동장 게이트볼링장 주차장 옆 본점, 전화 (064)727-8888
- 도남동 신라숯불한증막에서 한 블록 서쪽편에 지점, 전화 (064)727-8889
- 설렁탕, 꼬리곰탕

할매추어탕

- 법원 윗쪽 4거리와 이도주공아파트사이에 위치, 전화 (064)753-9080
- 추어탕으로 유명

해오름식당

- 신제주 노형동 남녕고 아래 서쪽, 전화 (064)744-0367
- 내부는 다소 허름한 서민적인 흑돼지, 통갈비집

흑돼지가 있는 풍경

- 노형동 한라대에서 한라산 방향 골프연습장 옆, 전화 (064)742-1108
- 흑돼지, 갈비

〈애월(하귀)~한경(고산) 지역〉

만남식당

- 한림마을에 위치, 전화 (064)796-2077
- 3대째 순대국밥 전문점을 하고 있는 집. 해물순대국밥

비양도 호돌이 식당

- 비양도 항구 보건진료소 옆, 전화 (064)796-8475
- 보말죽

삼일식당

- 한림읍사무소 서쪽사거리 약 50m 왼쪽에 위치, 전화 (064)796-3136
- 해장국과 내장탕

온바다 횟집

- 이호해수욕장 근처, 전화 (064)713-1300
- 생선회

〈대정(모슬포)~안덕 지역〉

경동식당

- 산방산 근처, 전화 (064)792-0771
- 성게보말국

덕승식당

- 모슬포부두 주변 식당가, 전화 (064)794-0177
- 우럭조림, 자리물회

물꾸럭식당

- 모슬포 부두 주변 식당가, 전화 (064)794-5871
- 각종 조림, 매운탕

산방식당

- 대정초등학교 옆길 서쪽방향으로 약 50m 만 들어가면 위치, 전화 (064)794-2165
- 밀냉면

서귀포시축협축산물플라자 한우전문식당

- 서광리에 자유의 여신상이 크게 세워진 소인국테마파크 근처, 전화 (064)794-5658
- 육고기 가공공장의 갈비탕, 한우전문점

송악산식당

- 산방산 지나서 송악산 유람선 선착장 주차장에 위치, 전화 (064)792-0771
- 성게해삼물회

수정식당

- 모슬포 삼성의원 바로 앞, 전화 (064)792-3377
- 보신탕과 삼계탕

옥돔식당

- 모슬포 오일시장 내에 해수사우나 바로 앞에 위치, 전화 (064)794-8833
- 보말칼국수, 보말국, 보말수제비

항구식당

- 모슬포부두 주변 식당가, 전화 (064)794-2254
- 자리물회나 갈치구이

〈중문 서귀포 지역〉

기억나는 집

- 서귀포시 이중섭미술관 뒤편, 전화 (064)733-8500
- 해물탕 전문

대우정식당

- 서귀포시 동화장모텔 앞에 위치, 전화 (064)733-0137
- 해물돌솥밥과 오분자기 돌솥밥

덕성원

- 서귀포시 이중섭미술관 뒷길, 전화 (064)762-2402
- 굴짬뽕, 탕수육과 간짜장

몰질식당

- 강정 마을의 허름한 식당, 전화 (064)739-1542
- 짬뽕, 복지리, 복매운탕

보목동 해녀의집

- 서귀포시 보목리 해변가, 전화 (064)732-3959
- 자리물회

삼보식당

- 서귀포시 서문로타리 근처 진주식당에서 약 50m만 더 가면, 길 북쪽에 가로수 사이에 위치, 전화 (064)762-3620
- 해물뚝배기

수희식당

- 서귀포시 서귀포동 서귀포 선비치호텔 뒤 진주식당 근처, 전화 (064)762-0777
- 제주 전통음식

쉬는팡

- 서귀포호텔에서 대유수렵장 안내 간판 쪽으로 약 500m만 가면 위치, 전화 (064)738-5834
- 흑돼지구이에 동치미 국수

시골길

- 서귀포초원빌딩 사거리에서 천지연폭포 방향에 위치, 전화 (064)733-3800
- 낙지볶음

쌍둥이회집

- 서귀포시 정방동 아케이트상가 근처, 전화 (064)762-5158
- 회 전문

어진이네횟집

- 서귀포시 보목리 해안 포구에 위치, 전화 (064)732-7442
- 자리물회 및 회

용이식당

- 서귀포 터미널 안쪽에 위치, 전화 (064)732-7892
- 두루치기의 명가

제주할망뚝배기

- 서귀포항에서 천지연 방향 50m (제주해경 서귀포파출소 앞), 전화 (064)733-9937
- 해물뚝배기

죽림회집

- 서귀포시 선비치호텔 근처, 이중섭거리 뒤편, 전화 (064)733-7688
- 회 전문

진주식당

- 서귀포시 서귀포동 서귀포 선비치호텔 뒤, 전화 (064)762-5158
- 해물뚝배기

한찔레식당

- 서귀포시청 큰길 50m 아래, 전화 (064)739-5279
- 오리주물럭

해궁미락

- 서귀포항구 동쪽 칠십리해안도로 중간에 위치, 전화 (064)732-5577
- 갈치요리 전문점

〈남원(위미)~성산 지역〉

가시식당

- 가시리 마을회관 앞에 위치, 전화 (064)787-1035
- 돼지고기 두루치기와 몸국

고향마을

- 성읍민속마을 농협근처, 전화 (064)787-0923
- 향토음식, 꿩메밀 칼국수

공천포식당

- 일주도로로 위미리를 지나면 공천포 마을 해안변에 위치, 전화 (064)767-2425
- 한치, 자리, 소라물회

광치기해산물촌

- 성산일출봉이 바로 앞에 보이는 광치기 해안가, 전화 011-9660-3884
- 성게 칼국수

신토불이식당

- 성읍초등학교 후문에서 남쪽으로 500m위치, 전화 (064)787-4450
- 토종돼지주물럭

오조리 해녀의집

- 성산항을 지나 종달리 해안도로 따라가다 보면 조개박물관 옆에 위치, 전화 (064)784-7789
- 전복죽, 조개죽

동복해녀촌

- 북촌을 지나 동복리로 접어드는 삼거리에 위치, 전화 (064)783-5438
- 회국수 및 회

서울식당

- 함덕해수욕장 입구, 전화 (064)783-8170
- 양념갈비

성미가든

- 교래사거리 지나 전통음식촌, 전화 (064)783-7092
- 토종닭, 닭 샤브샤브, 닭도리탕

할머니순대국밥집

- 동부산업도로를 타고 오다보면 검문소에서 조천 쪽으로 약 500m정도에 위치
- 순대국밥과 고기국수

〈구좌(세화)~조천 지역〉

대성식당

- 함덕해수욕장 근처 함덕마을길, 전화 (064)784-0975
- 아구찜 전문점